啃老浪潮

十年前的心肝寶貝，
十年後卻成啃老累贅

8 0 5 0　親 の 「 傾 聴 」 が 子 ど も を 救 う

精神科醫師
醫學博士▶ 最上悠——著　鄒玟羚、高詹燦——譯

前言

先由父母努力嘗試改變，為此多付出一些。如此一來，即便是五十歲的孩子也能重新振作。

翻開這本書的您，是否正在煩惱某些事呢？

多年來，您的孩子是否一直在痛苦中掙扎，而您是否也有同樣的痛苦？或者，您正為了自己與雙親的關係而煩惱、受苦？

「8050問題」泛指「八十」幾歲父母照顧「五十」幾歲子女的生活。正如同「8050問題」一詞所示，現今的日本有許多無法自立的大孩子，當中亦有人長年足不出戶，一直仰賴年紀越來越大的父母給予經濟支持，而這樣的例子正不斷地增加。

根據內閣府於二〇一八年底所做的調查，全日本處於繭居狀態的四十至六十四歲中年人，估計已超過六十萬人，如再加上比他們年輕的繭居族，就會超過百萬人。而且更嚴重的問題是，半數以上的繭居族連要與社會連結的意願都沒有，即「當事人築起了一道牆隔絕社會」。

多年來，我以精神科醫師的身分，治療過各種精神疾病的患者。我也會對病患者和其家人施以「人際取向心理治療」，來改善患者和家人的人際關係，或施以「家庭治療」來改善其家庭關係。

「繭居」一詞並不是醫學上的病名，乃是用來指稱該狀態的語詞，有時亦被稱為一種社會性的退縮。然而，它卻常與各種精神病有關聯，而且，「繭居」也絕非什麼健康的狀態，我個人認為，這與精神疾病產生的背景有許多共同之處。

假設已患有精神疾病，就得接受治療。英國等國在治療初期，便考量到如何讓病人最後可以自立生活。與此不同的是，日本人認為，就算是成人，陷入困境的兒女還是該由父母負責照顧，而且如果需要住院或就醫，也該由家人承擔法律責任。這樣的想法仍深植於文化與制度之中。

「總之只要待在父母身邊，別鬧出大問題就行了。」這樣的風潮已然根深蒂固，因此在以小家庭為主的社會中，造成越來越多繭居族只靠雙親，而沒有想要尋求外界的適當援助，並隨著年紀增長，而失去了克服問題的機會，於是，問題也隨著時間拉長而變得越來越嚴重。

那麼，究竟是什麼原因造成孩子不願意獨立，甚至演變成社會性退縮呢？

雖然每個人不願踏出家門的理由都不一樣，但我認為，他們的背後都有共通之處。

要身為精神科醫師的我談論此事，其實需要很大的勇氣，然而，我一看到那些前來尋求治療的患者們，就覺得，在不少孩子的繭居或問題行為背後，都有父母親的固執或親子間的糾葛，而且越嚴重、越難處理的個案，越是如此。

儘管病名有所不同，那些長期繭居或為其他問題所苦的病患，在初診時聽到我問：

「人之所以走不出低潮，有可能是長期壓抑真實情感所造成的結果。你也是從

小就不斷壓抑自我，一直忍耐到現在。對嗎？」

大多數的人都會立刻紅了眼眶，甚至淚流不止。

那麼，患者們究竟是「對誰」壓抑了自己的真實感受呢？絕大部分的人都是「對父母」。

然而許多父母都會說：「這孩子總是任性為所欲為，哪裡在忍耐了？」

其實，「父母尚未察覺，甚至覺得難以置信」正是造成兩造沒有交集的主因。

在此澄清一下，我並不是指所有原因都出自父母，希望大家不要誤會。我甚至認為，這樣的指責是大錯特錯。

哪個父母會希望自己珍愛的孩子生病或足不出戶？我相信，每一位父母都會盡其所能地培育他們的孩子，希望孩子能夠成為優秀的人。

世上確實有無數成功的案例。只不過，世上確實也有較為敏感的孩子，會因為那種做法而碰壁。我和這些碰壁後走不出來的孩子或他的家人接觸後，便發現，這些孩子往往比他們父母所想的還要敏感得多。

當然啦，從小就被大人虐待的人，會因為害怕而不敢表達真實的感情、長期扼殺自己的想法，於是失去自我，對生存感到迷惘，而這也可以理解的。

我要談的問題是，有些父母明明就是以一般的方式教育孩子，甚至是親手拉拔、用愛教育孩子，但孩子卻還是出現了與上述同樣的問題。

這都是因為孩子太敏感、太直率、太乖了，從小就會顧慮父母的感受，怕父母不開心，一直扮演著資優生角色，並且將真心話埋藏在內心深處，結果超出極限，在無法繼續扮演「乖孩子」之後，心理就失去了平衡，導致行為也跟著出問題。而我發覺，這樣的例子並不少見。

這樣的孩子們，表面上也許是因為校園霸凌或職場問題，而開始了繭居生活，或罹患憂鬱症等精神上的疾病。

但是，精神醫學上也暗示著，在那些極為脆弱的心靈背後，其實也有重要家人（家庭關係）帶來的巨大影響。還有，這也能解釋成，他們在家庭關係中沒有養成處理情緒的良好習慣，導致他們更容易感到挫折。

本書討論的實例，都是我親身見聞過的案例，以及與精神科醫師、心理諮商師執行家庭治療有關的案例。雖然為了避免當事人的身分遭到識別，而更改了一些人物設定，但患者的心理障礙和引發問題行為的原因，以及恢復的過程都是實際發生過的事。

每一件成功恢復的案例都有一個共通的轉捩點，那就本書的主題——父母對孩子的「傾聽與同理」。

「傾聽」是認真聆聽孩子所說的話，「同理」是接受孩子所說的話，努力去理解、體諒孩子內心深處的痛苦或悲傷。父母光是對孩子側耳傾聽，就能讓孩子產生巨大改變。

本書所介紹的傾聽、同理方法也是「家庭治療」的一環。在部分案例中，被心病折磨的成年子女並沒有直接接受治療，而是僅由父母接受指導。然後，即便子女從未親自接受診治，還是找回正常生活了。即使是患有精神疾病的患者也一樣，而且這樣的例子並不少。

然而，雖然就一般而言，沒有人會反對社會去支援那些疲於照護病人的家庭，但實際狀態卻是支援制度並沒有跟上現狀，而且在現代精神醫學中，採用以患者為中心的家庭治療也還不夠完善。

尤其日本受到歷史背景的影響，導致這種現象更為顯著。在日本，無論是實踐家庭治療的機會，或是相關的家屬交流會都還很少，而且大多都是由有志者自主執行。就體制面來說，根本稱不上充足。

我在寫這本書的過程中，曾詢問過多位管理心理健康的行政機關負責人，然而，除了與酒精依賴症有關的資訊之外，大多都是連家屬交流會的資訊都無法掌握。實際上，日本在家庭援助的法令方面，並不像英國或其他國家那樣完善，因此，求助窗口的形式和對應方式，也隨著各個自治體的體制差異和地域性社會資源的差異而不盡相同。

雖說如此，我的經驗告訴我，即使是成年子女的心理障礙或問題行為，也能透過家庭治療來獲得改善。這就是我想強調的。

本書舉出的實例當中，也許會和讀者預期有出入，甚至懷疑「孩子真的會因為這種事而重新振作嗎？」

但是，這對因為「父母的固執」或「雙方缺乏溝通」而罹患心病的子女來說，卻是難以想像的體驗。從未「真正地」聽孩子說話的父母（至少孩子是這麼認為），居然真摯地側耳聆聽，而且還產生同理。無論是幾歲的孩子，都會感到眼前的世界突然打開，甚至因此帶來莫大的幸福感。

就算孩子是因為父母的固執，或和父母相處不融洽而走不出來，父母依舊是救出孩子的最強武器。治療專家再怎麼優秀，終究也只是個外人，怎樣也無法像父母的傾聽、同理那樣，發揮出極大的療癒力量。

每個家庭都有各自的風貌。我本身並不覺得，本書所寫的「傾聽、同理已成年子女」是父母的義務。我也不想簡單地說，只有父母能幫助他們的孩子。現實是，只有在許多人的幫助下，才能得到真正的康復。

另外，我的經驗也告訴我，不少父母光是聽到本書的標題，就會感到不悅或厭惡。其實，剛開始接觸家庭療法的父母，大多都有這種反應。

儘管如此，我仍要說清楚。

許多家庭都有「只有父母才能拯救孩子」的現象。也許光靠父母的力量無法解決所有問題，但是，假如孩子重新出發的第一步少了父母的傾聽與同理，那麼他永遠不會想踏出第二步。許多成年子女皆是如此。

有許多父母在不知道「父母的傾聽和同理」有機會拯救孩子的情況下，因認知不同，而使用了「愛之深，責之切」的方式，對無法振作的孩子斥責道：「不要做白日夢！」、「適可而止！」試圖以責備來激勵孩子，結果反而使事態惡化。而我希望各位了解的是，事實上，有很多父母嘗試了與此不同的做法後，便順利改善問題了。

子女：「講再多遍，父母還是不懂我。」

父母：「都聽過好幾遍、按照他的意思做好幾遍了，還是搞不懂這孩子究竟在想什麼。」

親子在認知上有落差時，父母通常都想了解孩子，而孩子也希望爸媽能更了解自己，換言之就是錯過彼此。這種案例只需單純地將「扣錯的扣子」重新扣好就解決了。所以讓問題一直持續下去未免也太可惜了。

我希望那些只看了本書的標題和前言，就感到不舒服的父母能夠明白，面對和反思自己在不悅感背後的真實感受，可能就是解決一直以來阻礙孩子獨立、使彼此停止思考之根本問題的第一步。

撰寫本書時，我已做好接受眾多批判的覺悟。我當然不是要大家照單全收，只要各位參考後發現有所幫助，並將它運用在有心理障礙的孩子身上，那我就心滿意足了。

本書分成四章。第一章描述了不良的親子關係如何阻礙孩子終結繭居生活和他的問題行為。第二章則談論父母用「傾聽、同理」的力量來接納孩子的辛苦。接著在第三章中，我會說明父母實踐傾聽、同理時該注意哪些重點，並分別以實例來為此做解說。而第四章則會列舉幾個子女常問父母的問題，並解釋如何回答應對才好。

也許很多人會認為，人過中年以後，就很難擺脫不願出門之類的心理障礙、問題行為，或無法改善情緒不穩的問題。

但其實，確實有很多年過四、五十的子女，都是在獲得了父母的傾聽和同理後，自然而然地變得更積極、更有辦法承受挫折。

即便您是年事已高的父母，從現在開始改變看待、對待子女的方式也不遲，這麼做還是能讓子女重新振作的。

更何況，您既已拿起這本書，就代表您還是希望子女振作起來，難道不是嗎？

而且我認為，假如您是一名父親的話，那麼光是拿起本書就很了不起了。

因為在日本，許多老一輩的父親們都對「撫育子女是母親的工作」等偏誤的觀念深信不疑，從來沒有正視過撫育子女的問題，連自己的子女已經被心病逼到走投無路都不曉得。

即便是高齡的父母親，只要心中還希望孩子振作起來，就等於是讓子女朝著振作的方向踏出一步了。

這對七、八十歲的父母來說，正是幫助子女培養活下去的力量、找回幸福人生的最後機會。

有些人雖然長大了，處理情緒的方法卻不夠成熟，因此一直將煩惱埋藏在心底。若您的孩子也有這種困擾，那麼請您透過本書去了解什麼叫做傾聽與同理，並且去親近孩子，好好聆聽心靈還很幼小的孩子說了什麼。

就算不能解決所有問題，還是有機會聽到子女從未說出口的真心話，或是意料之外的心裡話，光是這點就對彼此非常有意義了。假如這件事真的實現了，那麼不光是當事人會有所改變，連家庭關係，還有父母親本身的內在也會產生各種變化。

您若對本書所寫之事抱持懷疑，那麼還請您試著將本書拿給困在心靈泥沼中的孩子讀一讀。若光是讀完「前言」就覺得書中講得不對，那也不需要再看這本書了。但是，若孩子說書中講得沒錯，那麼，身為父母的您就算無法認同，也務必參考一下本書的做法。就算做不到，也可以把書中的內容當成和孩子對話的素材，光是這麼做就很有意義。

另外，如果是為人子女的您，正在為自己與父母的關係而感到煩惱，那麼閱讀本書，或許就能改變您與父母的關係，或者您也可以請父母閱讀本書。希望本書能改善您的親子關係。

精神科醫師・醫學博士　**最上悠**

啃老浪潮：十年前的心肝寶貝，十年後卻成啃老累贅 目次

第2章 先去了解孩子的艱辛之處

第3章

貼近孩子的心「傾聽．同理」的做法

第4章

「我想死。」「你毀了我的人生。」父母聽到孩子對自己說這些話時，該如何回答才好？

裝訂・內文設計……藤田美咲
插畫・內文插圖……水谷有里
插圖製作……田栗克己
排　版……オフィス・プレーゴ
編　輯……小川潤二
岩崎裕朗

第 1 章

人一旦扼殺了感情，身心和行為就會跟著出問題

只要父母肯改變，無論是幾歲的孩子都能重新振作

首先要介紹的，正是父母改變了對待子女的方式與看法，才使子女克服心理障礙的例子。

以心理障礙的程度來說，此案例屬於較嚴重的，然而，孩子依然可以從如此嚴重的情況中重新振作，因此，我認為這是個不錯的例子。

＊

※各案例開頭所記載的雙親、子女年齡，即他們開始接受「家庭治療」時的年紀。

實例 1

從父親施加的龐大壓力中解脫。走出繭居生活的S先生。

第 1 章

人一旦扼殺了感情，身心和行為就會跟著出問題

【子女】 S先生：四十歲出頭　繭居，曾多次自殺未遂

【父母】 父親：七十多歲　母親：七十歲出頭

【家庭環境和事發過程】

S先生是長男，他還有一個姊姊和一個弟弟。這個家的父親在某個縣市創業，經營著自己的公司。父親不管在公司或家裡，都擁有最大權力。S先生的母親也絕不會違抗丈夫的要求。

父親期盼S先生成為能讓他引以為豪的兒子，並從好的大學畢業，然後承接自己的事業。自幼就接受帝王學教育的S先生，不但無法違背父親的意思，也無法說出自己的意見。

父親為了栽培S先生，先後捐了不少錢給S先生念的小學、國中和高中，一直都在當用錢換來的家長會會長。然而對S先生來說，父親的這種行為只會徒增他的痛苦而已。因為從校長、老師到學校相關人士，全都小心翼翼地對待他。

後來，S先生總算依照自己的志願進了東京的大學。到了大學四年級時，他雖有真心想從事的工作，卻也不敢跟父親說，於是就這樣進了父親經營的公司。

進公司第一年時，S先生也曾想辦法將工作做好。但因為無法和同事、客戶以及周圍的人順利溝通，所以到了第二年，他開始頻頻請假，最後便將自己關在房間裡不出來了。

父親對變成這樣的S先生說了重話：

「你知不知道我在你身上花了多少錢！」

「○○家的繼承人怎麼可以這麼懶散！」

母親也對此視而不見，完全沒有要出手相助的意思。

於是，被逼上絕境的S先生拿起刀子，劃開了自己的手腕。所幸是自殺未遂，沒有生命危險，而之後也在別人的建議下，接受了精神科醫師診治。然而，因為他的醫生說「你這不是生病」，而且給不出什麼有用的建議，所以維持不久。這種事反覆發生幾次之後，S先生也已經四十多歲了。

年近八十歲的父親再也無法忍受這種情況，於是就在某一天，對S先生說了一句重話。

「我不需要你這種兒子！」

S先生受到這句話刺激，便從附近公寓的五樓跳了下去。S先生這次選擇跳樓自殺，並受了重傷，一度命危，經過漫長的治療才總算撿回一命。S先生的自殺未遂為他們家帶來巨大的衝擊，於是，他的母親終於醒悟了。

「若繼續讓他用繭居的方式度過餘生，那就太可憐了。」

母親有了此想法後，便決定由全家人一起陪S先生接受治療。

【透過傾聽、同理來恢復的過程】

S先生的母親和姊姊在治療師的建議下，參加了某個家屬交流會（只有家屬參加的協會），為家庭治療揭開序幕。

為何S先生會多次嘗試自殺呢？

「沒有人想要了解我真正的感受和痛苦。也許只要我死了，他們就會稍微懂我的感受。」

這是日後由S先生親口說出的話。

S先生都這個年紀了，卻從未對父母說過真心話。正確來說，他是因為在幼少期無法實現此事，所以就乾脆放棄。一直以來，他都將想講的話藏在心底。最後，當無法處理的煩惱累積到一定程度時，就以「自殺未遂」這種極端的形式表露出來了。

治療師建議S先生的母親和姊姊：「無論如何，請你們先用心聆聽S先生想說的任何事情或心情。」

差點失去珍愛的S先生的母親和姐姐便回答：「好，我們會認真聆聽S先生說的每一字、每一句。」於是，她們開始忠實地實踐治療師建議的做法，用心聆聽S先生所說的話。

這對母親來說，是一件以往從未做過的事，因此她會感到不知所措，有時候也會感到痛苦。但是，子女會從「爸媽傾聽我的心聲」這件事當中，感受到父母的「愛」。

隨著治療的進行，母親也拿自己的成長經歷在家屬交流會中做討論。原來，母親自幼喪父，由親戚撫養長大，所以她總是把想說的話憋在心裡，從來都沒體驗過什麼叫「親情」。因此，她從來沒想過如何與兒子產生深刻的同理、如何實現、滿足兒子的心願。

對此，治療師先從讚美這位母親的長處開始著手，讓她體會「受人認同」所帶來的喜悅。因為治療師認為，只要讓她了解被誇獎的感覺有多好，她就能用同樣的方式來對待自己的孩子。

而另一方面，S先生的父親起初是不願意參加家庭治療的。因為他認為，這不是一個大男人該做的事。但他聽取了妻子對於家庭治療和如何對待S先生的建議後，態度也稍微軟化了。

過去，父親完全不打算聽S先生說了什麼，但或許是因為差點逼死兒子的感觸太深，所以他也跟妻子、女兒一樣，開始對S先生側耳傾聽了。

母親和姊姊學習家庭療法一年後，S先生自己也有了巨大的改變。因為S先生發現父母正在努力了解他，所以他對父母開口的次數逐漸變多了。

雙親也確實感受到孩子正在慢慢地敞開心房，因此備感欣慰，變得越來越用心聆聽S先生說話。後來，S先生也產生了正面想法，開始想為自己做點什麼，於是就主動開始接受心理輔導。

這一切的轉捩點是父親對S先生說的這句話——

「公司就由你姊姊來繼承。你可以做你喜歡的事了。」

這句話總算讓S先生放下長年壓在心上的大石。此後他們就像其他家庭一樣，過著和樂融融的生活。

然而數年後，父親被發現得了失智症，因此需要在家裡療養。當時，S先生竟然主動承擔照顧父親的工作。聽說從吃飯、洗澡到換尿布，都是由S先生一手包辦。

某天S先生幫父親洗澡時，見到父親流著淚向他道謝，這令S先生發自內心決定「不管父親對我做過什麼，我都會原諒他」。

數年後，父親過世了。那時，S先生說了：

第 1 章

人一旦扼殺了感情，身心和行為就會跟著出問題

「我是個不孝子，但父親還是願意體諒我。我真的很慶幸最後能由我來照顧父親。」

父親過世後，S先生開始在家族事業上盡一點心力。後來，母親也在八十幾歲時罹患失智症，所幸S先生在家工作的同時，也能一面照料母親。現在，他們很和睦地生活在一起。

＊

此案例從開始接觸輔導治療到孩子完全獨立，共花了七年的時間。那時，孩子已將近五十歲，父母也超過八十歲了。

各位聽到七年，或許會覺得很漫長，但是這對「子女四十幾歲，雙親七十幾歲」才開始接受治療的家庭來說，七年算很快了。事實上，孩子的年紀越大，就越難重新振作，而他們只花了七年就做到了，實在令人佩服。

若繭居的孩子是未成年或二十歲左右，往往更容易理解親子問題所在，更容易接納父母，而父母也還年輕，尚有精力處理孩子的問題。

然而，當孩子的痛苦或退縮行為長期存在，到了中年都無法自立時，父母就很容易感到厭倦、想放棄孩子——「我無能為力了。」「他已經成年了，他必須靠自己的力量站起來。」「我已經做完為人父母該做的事了……」

有時，父母只會關心如何緩解自己的焦慮，他們試圖扭轉局勢的典型方法是大罵「我不要你了」或「滾出我的房子」之類的。對父母來說，這只是愛之深，責之切，講出正確的道理罷了，無須責備自己。但是對子女來說，若到了中年才被趕出家門，就會立刻陷入四面楚歌的狀況之中。

此時，當事人若產生了內向的衝動，就可能像S先生那樣傷害自己；若產生了外向的恨意，如「會變成這樣，都是父母的錯」，就有可能去傷害他人。「身為繭居族的兒子，因不滿父母催促他自立，而持金屬棍棒打傷年老的父母。」這就是警方公布的許多社會案件之背景。

儘管如此，還是有很多人像S先生那樣，**僅因父母試著了解他們，就讓他們找**

到脫離苦海的方法，甚至在經歷了長期的痛苦之後，還對父母產生深深的感激之情。感謝父母生下自己的人也不在少數。

特別是那些因為父母而無法前進、深陷痛苦之中的孩子，其實都是愛父母愛到不行的人，他們的內心深處比別人更加希望最喜歡的父母能夠認同自己，所以才會如此痛苦。希望各位能理解他們。

父母逼孩子走「非本人所願的道路」之後果

接下來要介紹的是，一位女性因為獲得雙親的傾聽和同理，而終止問題行為，成功踏入社會的案例。這次為了告訴各位「問題的本質在每個年代都一樣」，因此特地舉了一個二十歲左右的個案供各位參考。

實例 2

A小姐獲得雙親的傾聽和同理後，便不再有暴力行為，朝著自己期望的方向走去。

【子女】 T小姐：二十歲出頭　不願上學、家庭暴力

【父母】 父親：五十歲出頭　母親：四十多歲

第 1 章

人一旦扼殺了感情，身心和行為就會跟著出問題

【事發經過】

T小姐的第一個問題行為是高中時拒絕上學。因為不去學校，所以當然是待在家裡，只不過，T小姐並不是安分地待在家裡，而是每每遇到事情就抓狂。這樣的狀態一直持續到T小姐二十幾歲了也不見改善。

某天，厭倦了此情況的母親對T小姐說：

「妳要繼續這樣鬧到什麼時候？該適可而止了吧。搞得我都想死了。」

母親的這番話激怒了T小姐。

「妳說什麼！再說一遍試試！還不是因為妳教育失敗，我才會惹麻煩。」

此時，母親也心力交瘁了，因此一不小心又說了一遍「我教育失敗」和「想死」。T小姐因此大發雷霆，把家裡的東西通通砸爛後說：

「這麼不爽我的話，那我就去死給你看！」

語畢，她便把自己關在廁所裡，試圖用她父親的皮帶上吊自殺。所幸消防局的救援隊及時趕到，撬開廁所門，阻止了憾事發生。然而，T小姐對母親求助於消防隊的做法感到非常不滿。

「都不自己處理，馬上就找人來幫忙。我就是討厭妳這一點！」

為此，T小姐又抓狂了。

有一次，T小姐拿了一罐燈油躲進自己位在二樓的房間，還拿書桌和椅子堵住房門，不讓他人進門。當時是請曾經輔導過T小姐的治療師來到家裡勸說，才總算讓事情平安落幕，解除了可能釀成火災的危機。

然而，女兒的精神狀態如此不穩定，當父母的自然無法安心入睡。每晚，他們都得輪流保持清醒，隨時注意T小姐的動靜。

後來，母親甚至想趁半夜用跳繩勒死T小姐，還好及時找回理智。於是，不知所措的母親，只好帶著跳繩去找自己的姊姊，拜託她幫忙保管那條繩子。T小姐的雙親被如此嚴重的事態搞到疲憊不堪，這讓他們決定一起學習家庭治療。

【家庭環境與透過傾聽、同理來恢復的過程】

T小姐是獨生女。她有一個當醫生的叔叔。T小姐自幼成績優異，因此叔叔一有機會就對她說：「T將來也要當醫生喔。」而T小姐的雙親也贊同此事，於是就讓她朝著這個方向努力了。

為了成為一名醫生，T小姐一直拚命念書，努力考上了當地一所離家有點遠的預科學校。然而入學後，T小姐發現同學們全都是很優秀的學生。後來，她開始跟不上進度，而這也是造成她拒絕上學的主因。

T小姐之後雖然有報考大學，卻沒考上志願校，只考上一間為了預防全落榜而報考的大學。後來，她雖然設法畢業了，但這本來就不是她想讀的大學，所以她的到校次數只達最低限度而已。

T小姐後來坦白，其實她根本不想成為醫師。由於她勉強算是個會念書的小孩，所以身邊的人都對她抱持期待，導致她錯失了表達真實想法的機會。

「父母擅自為我的人生做決定。他們根本不理會我的感受。」

之後T小姐也告訴治療師，其實她當時非常恨父母擅自幫她決定未來。

對父母來說，這麼做全都是為了女兒著想，因此他們不會有絲毫的罪惡感。換句話說，父母和孩子的思考方式從根本上就不一樣了，所以才使T小姐更加痛苦。

治療師以家庭療法為依據，建議T小姐的雙親盡量聆聽T小姐所說的話，然後接受她的真實想法和感受，也就是「傾聽和同理」。

隨著T小姐的雙親接受此建議，開始改變看待T小姐的方式後，T小姐也慢慢出現變化了。自那時起，T小姐自己也開始接受輔導治療了。

自從T小姐感受到雙親接納自己之後，她的暴力行為便逐漸減少、緩和，人也變得越來越冷靜。

後來，T小姐還開始打工，只不過做什麼都做不久。

於是某一天，T小姐就對父母說：「我想到國外當導遊。因此，我想學英文，所以讓我去澳洲留學吧。」

T小姐的父母對獨生女的這番話感到不知所措。因為他們非常擔心，萬一她在國外抓狂怎麼辦。

但是和治療師討論後，他們便爽快地送T小姐出國留學了。

「妳就去做妳想做的事，我們支持妳。」

就結果來看，T小姐最後並沒有當上導遊，因為她在澳洲沒念完語言學校。之後她在澳洲無所事事時，對美容師的工作產生了興趣，因此這回變成去念美容相關學校了。

T小姐畢業後，就在越南人開的美容院裡工作。一做就是二十幾年。如今，當老闆去度假，長期不在店裡時，甚至會把店裡的事交給T小姐打理。而T小姐也決定在澳洲定居。

＊

第 1 章

人一旦扼殺了感情，身心和行為就會跟著出問題

人的情緒有兩種，即「真實想法」和「表面行動」

在講解T小姐的案例之前，先讓我們思考一下心病是如何產生的。此問題的關鍵就是人類的「情緒」。最新的心理學研究指出，人的情緒可分為兩種（請參考左頁圖示）。

・原始情緒

一種是「真實的」感受。人們認為，這是所有動物都會有的情緒，如：喜、怒、哀、樂。這種情緒主要源自大腦深處，通常被稱作「基本情緒」或「原始情緒」。這是受到外來刺激時出現的真實情感。比方說，「因父母過世而傷心」或「害怕高處或暗處」之類的感受，都屬於這一類。

原始情緒是某種原始、「不加修飾」的情緒。有時，它也會伴隨著難以忍受的

圖1 人的情緒(原始情緒和次級情緒)

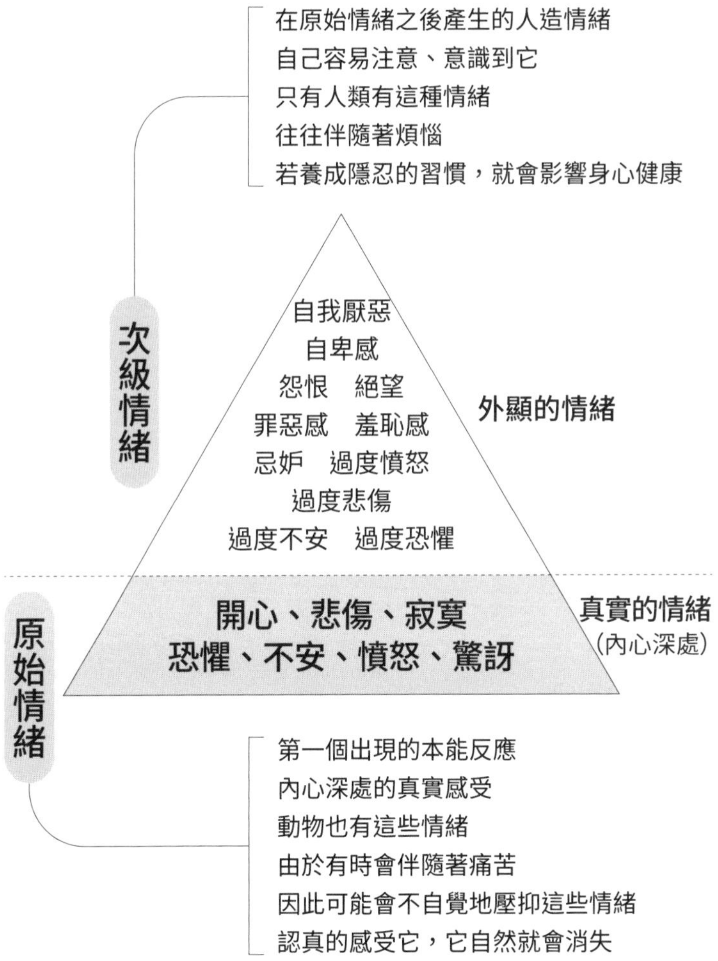
在原始情緒之後產生的人造情緒
自己容易注意、意識到它
只有人類有這種情緒
往往伴隨著煩惱
若養成隱忍的習慣，就會影響身心健康
次級情緒
自我厭惡
自卑感
怨恨　絕望
罪惡感　羞恥感
忌妒　過度憤怒
過度悲傷
過度不安　過度恐懼
外顯的情緒
開心、悲傷、寂寞
恐懼、不安、憤怒、驚訝
真實的情緒
(內心深處)
原始情緒
第一個出現的本能反應
內心深處的真實感受
動物也有這些情緒
由於有時會伴隨著痛苦
因此可能會不自覺地壓抑這些情緒
認真的感受它，它自然就會消失

痛苦，但是只要好好地感受它，它就會隨著時間的推移而自然消退。好比「本來很怕雲霄飛車，但習慣之後就不怕了」或「時間會沖淡失戀的傷痛」。

・次級情緒

然而，人可能會因為太痛苦而不願徹底感受自己的情緒，甚至不願正視自己的情緒，如此一來就會衍生出更麻煩的事。雖然能暫時獲得解脫，但代價卻是隨之而生的羞愧感、罪惡感、自卑感、自我厭惡、怨恨……等。這些都是人類特有的「煩惱」感受，也就是動物不太會有的情緒（請參考左頁圖示）。

而這就是第二種情緒——「外顯」的情緒。人們稱之為「高級社會情緒」、「次級情緒」，或以更加具有「夾雜著常識思維的文明性情緒」之特徵的「人工情緒」來稱之。你也可以想成，次級情緒較容易參雜著難懂的單字。

次級情緒跟原始情緒不一樣，它並不會自然消失。若養成累積在心底的習慣，人就會神經衰弱，造成自律神經或免疫系統失調，使身、心都變得不健康。

圖2 情緒的性質

① 壓抑原始情緒，沒有徹底去感受時的情緒曲線

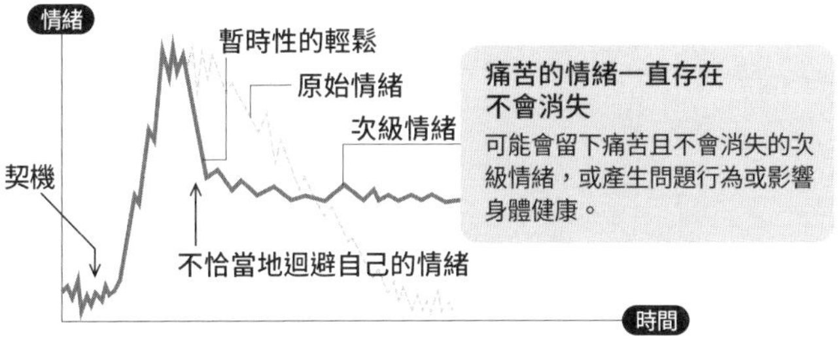

不去正視痛苦的原始情緒，雖能暫時得到解脫，
卻會使一部分的負面原始情緒殘留在心底，導致情緒不當地膨脹，
或勾起其他負面情緒，並作為次級情緒繼續膨脹，
進而影響行為與身體健康。

② 坦然接受原始情緒時的情緒曲線

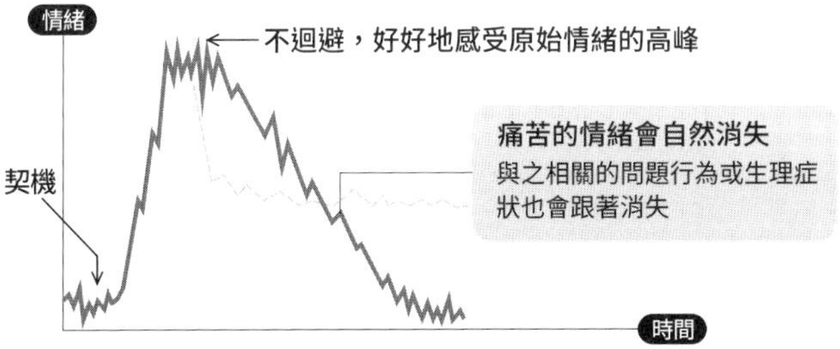

若徹底感受痛苦的原始情緒，這些負面情緒就會在度過高峰後逐漸消失，
同時，隨之而來的次級情緒也會跟著消失，
而那些作為次級反應出現的負面思想、問題行為，
以及病態的生理反應也會消失。

·原始情緒和次級情緒的關係

目前已知，養成次級情緒「囤積癖」的過程，其實和親子關係有深刻關聯。

父母若能讓孩子從小練習說出真心話，並用心聆聽的話，那麼孩子就能養成「感受自己的本能情緒」的能力。就算表達想法後無法如願以償也沒關係，此時只要好好地感受這份哀傷，就不會產生「不允許自己去感受」或「不可以表現出來」等不健康的內心衝突了，因此也不至於生病、陷入更大的心靈泥沼之中。

會邊哭邊喊「買玩具給我！」的小孩反而比較健康。

我得先澄清一下，我並不是說「父母最好採用放任式教育，讓小孩想做什麼就做什麼」，也不是說「最好放任讓小孩任性到底」。

我的意思是：那些從小就得不斷顧慮父母，然後告訴自己「不可以講那種話」的小孩，才是問題所在。

從父母的角度來看，孩子所表達的情緒對於社會生活來說可能是「錯誤的」。假如孩子目前有行為不端、無法順利適應社會的問題，那當然更容易這麼想，而且當父母的也會想要提醒孩子吧。有時候，父母也不允許孩子的價值觀跟自己的不一樣。

然而，「真正的情緒」是自然湧現的，因此「感受」本身並沒有對錯之分。假如在孩子覺得還沒說夠之前打斷他，或是提出良好建議（即使出自善意也一樣），失去了抒發窗口的原始情緒便無處可去，進而產生次級情緒膨脹、累積的現象。繼續這樣下去，就會養成多慮的壞習慣——「我不能在父母面前表達這些，我不該有這種感受。」

曾經被父母傷過和心思細膩的小孩，越容易無法接受被父母否定，所以他們不得不採取防禦性做法，以避免失去父母的愛。

如此一來，他們對真實想法（即原始情緒）的感受力也會慢慢降低，逐漸變成容易產生負面人工情緒（即次級情緒）的體質。

・次級情緒

當孩子無法表露原始情緒，無法讓父母接收這份感受時，不只會影響情緒，還會波及到許多事物，然後變成扭曲的次級反應顯現出來（請參考第65頁的圖3）。

其中一種反應是「扭曲的思想或價值觀」。

儘管人們拚命地尋找「面對原始情緒」以外的排解方式，但對生物而言，那等於是在否定本能與生存，因此會不斷掙扎。而不順利只會帶來無助感，或是降低自我肯定感，讓人覺得「我真沒用」，或對過去過度後悔、對未來過度悲觀等。

此外人們也發現，當腦內的次級情緒「噪音」越來越多時，就會浪費腦力，導致負責整合資訊、決定事物優先順序的「工作記憶」能力衰退，於是喪失注意力，或對無謂的事情斤斤計較，然後失去正向思考的能力。

另一種反應是「偏差行為」。

喪失想工作、想念書等正向意欲或態度，出現暴飲暴食或酒精濫用等問題，或是做出自殘行為、暴力行為、購物成癮、賭博成癮等衝動行為。有些人甚至會反覆借貸自己根本無力償還的錢。

另外，這也會影響到身體，使人產生慢性且不會消失的疲勞、疼痛、倦怠感、暈眩、高血壓、發燒、呼吸困難等病態的生理反應。換言之，這也是引發身心症的原因之一。

然而，即便陷入這種狀態，只要父母（不是身為外人的輔導員）給予傾聽、同理，讓孩子得以徹底感受原始情緒，許多問題就會自然消失。

就算孩子有需要專業治療的問題，如成癮等，他也會自然產生「必須接受治療才行」、「不可以再這樣下去」的強烈自覺。

無法繼續當「乖孩子」時，心就會生病

不少孩子都是被親子關係深深影響，才產生了扭曲的次級情緒。即使是成年的孩子也一樣。

如果說是「虐待小孩的父母」，那麼，人們或許就比較容易理解為何會有這層關係了，然而，那些世人眼中的普通父母，甚至是把孩子照顧得無微不至的父母，也都會遇到相同的問題，因此，這件事可說是相當嚴重。

在那樣的背景下，有不少家庭都是父母單方面對小孩抱有過度期待，抑或是太想讓孩子依照自己的安排行動。

心靈容易走進死胡同的孩子，就是那些能夠敏銳地觀察到父母的那些想法，然後也不反抗的孩子。例如，他們會壓抑想玩的心，乖乖去念書，或者硬著頭皮，乖乖地去根本不想去的補習班。換句話說，他們就是那些會乖乖聽父母話的「好孩子」。

不過，這樣的孩子都很喜歡他們的父母，而且比較敏感，因此會一直觀察父母的臉色。

然而，再怎麼勉強自己壓抑情緒也是有極限的。最後，當他們因為某個契機而無法繼續當「好孩子」時，就會產生謾罵、暴力等令父母頭疼的問題行為，不然就是心力交瘁，開始足不出戶。

另外也有不少孩子是因為和兄弟姊妹產生摩擦、衝突，而產生了心病。我們都知道，風靡全球的《冰雪奇緣》生動地詮釋了手足之間的糾葛，引起全球觀眾產生同理。尤其是年紀相近的兄弟姊妹，更容易在無意識中把對方當成對手，互相競爭父母的愛。

第 1 章

人一旦扼殺了感情，身心和行為就會跟著出問題

有人說，兄弟姊妹不管是在遺傳上還是心理學上，本來就會形成完全相反的個性。有些理論指出，這是為了藉由個體差異來吸引父母親的關心，假如個性和其他兄弟姊妹相同的話，就無法引起父母注意了。

比方說，當哥哥或姊姊不願接受父母安排好的人生，於是搬出去住，過自己想過的生活時，一些比較溫柔體貼，且敏感、具有觀察力的弟弟妹妹，就會顧慮到「父母會寂寞」這一點，下意識覺得至少自己該當個乖孩子平衡一下，以安慰父母親。

這種情況也常出現在夫妻關係崩壞的家庭內。他們的子女會覺得「自己要當父母之間的橋樑」，有些人甚至會扮演小丑安慰父母。這樣一來就更容易扼殺自己「真實的」情緒了。

有時候，這種情況也會使父母產生罪惡感。因為很多父母都會自豪地認為「我們都以同樣的方式教育孩子們」。然而，假設只有其中一個孩子受到心病折磨，那就變成跟「用同樣的方式教孩子」相反的「只影響到其中一方」了。

雖然應該講求機會平等，但是以同樣的方式責備或對待孩子們的話，往往會發生「對其中一人有效，對另一人卻得到反效果」的情況。因此，當那個總是乖乖配合

父母，卻遇上心靈瓶頸的孩子聽到父母說：「我明明對你們（兄弟姊妹）一視同仁，為什麼你……」，就無法反駁了。然後，他的心就會受挫，變得越來越習慣卑躬屈膝——

「姊姊不負爸媽的期望，進了那間大學，然後又進了那間公司，而我卻……」

「我果然很沒用，無法滿足父母的期待。」

「父母還願意接受我，不放棄這樣的我。」

【透過傾聽、同理來恢復的過程】

現在再來看一下T小姐的故事。

T小姐每次回日本時，都會去拜訪一下治療師。有一次，T小姐告訴治療師，自從開始接觸家庭治療和心理輔導後，她和父母之間的緊張關係就日益緩和，並在不知不覺間對父母產生了感激之情。自己不但沒有當上醫生，讓父母期待落空，還曾在家裡發飆、作亂。她說：「但爸媽依然不放棄這樣的我，還願意接納我。」

第 1 章

人一旦扼殺了感情，身心和行為就會跟著出問題

其實，T小姐去澳洲留學還有另一個理由。那就是，她不想見到優秀的同學們。因此，雖然逃離並非她的本意，但她還是想離開日本。

據說T小姐將這件事如實告訴父母後，她的父母也能體諒她的心情，便對她說：「既然如此，在澳洲生活比較舒服吧。」

父母聆聽孩子的心聲，並理解、接受它，使孩子處在最糟狀態的心靈，獲得一定程度的滿足，不再感到不安與擔心後，就連蘊居的孩子也會自然湧現「我也想做點什麼」的慾望。像這樣的案例是非常常見的。

正如伊索寓言的「北風與太陽」一樣，孩子們即使被北風般的大道理、說教吹了再吹，也無法敞開心房，但是得到父母溫暖的體諒後，就會自願脫下罩住心靈的斗篷。

我認為，T小姐的雙親以非常棒的態度接納了T小姐的想法。假如在以前，T小姐的父母聽到她說「想去國外留學」那種話，一定會說「別說傻話！」斷然否

決。就算讓T小姐去留學，也會將自己的意見強加於她，擅自替她決定學校吧。

不過，各位在理解這個故事時必須小心。我常聽說，有些父母會使用激烈手段來處理孩子的繭居問題，好比無視孩子的意願，突然叫孩子獨立生活，或將孩子送到國外留學。但這麼做往往會以失敗收場。孩子回到父母身邊後，就變得更沒自信、更加封閉，而父母也變得越來越常責備這個孩子，以致於產生惡性循環，使事態惡化。

這似乎是一種常見的單方面求好心切而失敗的做法。通常發生在周圍的人不貼近孩子的心，只顧著將表面的「自立」強加在孩子身上時，尤其是周圍的人太著急，想要一口氣逆轉局勢時最常發生。

不過，以T小姐的案例來說，雖然看似有點魯莽，但因為雙親聽取了T小姐的感受與願望，所以T小姐到了澳洲才能正常適應社會生活。人若沒有重要的人可以當自己的避風港，那麼到了必須獨自面對現實的時候，即便已經成年，也很容易因為小事而受挫。這在精神醫學上也是眾所皆知的概念之一。

為心結所苦的孩子無法對父母坦言的真心話

現在就來看看受到心病折磨的孩子們在想什麼吧。這些都是他們無法對父母坦言，只能獨自默默承受的真實心聲。

「我一直覺得，要是沒有預見父母的想法、滿足他們的期待，他們就不愛我了。」

「我以為，不當個模範好孩子，就得不到父母的愛。」

「我媽和奶奶處不好，但爸爸都不袒護媽媽。所以，我從小就告訴自己『我必須幫助媽媽才行』。」

「爸媽感情不好。從我懂事以來就一直在當和事佬，維持家庭和樂。但我已經累了，好想死。」

「母親時常抱怨『想離婚』。其實，我並不希望父母離婚，但我也不想看見母親傷心的樣子，所以我一直在騙自己『我不介意父母離婚』。」

「我的祖母是一家之主，我母親一直都在討好祖母。所以我也在討好祖母。」

「我總是看父母的臉色行動，不敢說真心話，覺得忍耐是理所當然之事。我活著有什麼意義呢？」

「我的心沒有自由。我被隱形的金屬線束縛著。我好想從這個世界上消失。」

「爸媽把工作擺第一，在外很受歡迎。我的存在對他們來說是次要的。難道我是為了成就父母的人生價值才誕生的？」

第 1 章

人一旦扼殺了感情，身心和行為就會跟著出問題

「我討厭餐桌。那是爸爸的專屬舞台，他會不停的誇耀自己。最後都是以說教和批評作結。我自己則是裝成熟裝得好辛苦。」

「媽媽和奶奶都找我發牢騷，向我抱怨爸爸的事。我瞧不起這種自私的大人，卻開不了口。這讓我失去了活力。」

「我從小就不自覺地走在父母安排好的道路上。現在，我已經不知道該怎麼安排自己的人生了。」

「我身為哥哥（姊姊），就得背負家人的期望。弟弟（妹妹）卻能自由奔放的活著。這使我對弟弟（妹妹）產生了殺意，好可怕。」

「我曾經是父母親引以為豪的孩子。我雖然不想當父母親的高級配件，卻怎樣也說不出口。」

以上就是心靈受到折磨的孩子們的心聲。這些例子顯示他們的心中藏有不為父母所知的「陰影」。

他們可能是因為父母、祖父母或兄弟姊妹的關係，才陷入泥沼，開始自我封閉或飽受心理疾病折磨。大部分的父母聽見孩子的心聲後，都會因為這些深藏已久的真心話而變得非常沮喪，不然就是承受不了而反彈。

那麼，究竟是什麼東西讓這些孩子一直活在恐懼之中？

其共通點就在於「父母的眼光」、「父母的歇斯底里」以及「父母的無限期望」。就我聽過、看過的案例來說，幾乎都有這種情形。一言以蔽之，就是「父母的感受擺第一，孩子的感受擺第二」。

例如，有些父母的期望過高，使孩子飽受折磨。他們將「希望孩子乖乖聽話，按照我的想法行動」的心情擺在優先順位，假如孩子沒有回應那些期望，他們就會變本加厲，或者惡言相向。他們相信自己正在做正確的事情。於是，「必須幫我親愛的孩子做點什麼」的強烈想法，就會變成在「都是為你好」理論武裝下不斷打壓孩子的

第1章

人一旦扼殺了感情，身心和行為就會跟著出問題

武器。

有些人會隱約察覺自己的教育方式似乎有問題，卻又因為無聊的執著而不願停止或改變做法。

我再說一次，孩子的心之所以走進死胡同，是因為他們無法感受自己真正的情緒。而它的背景通常都有「自己的感受一直無法獲得父母認同」，或是「一直承受著無法說出口的痛苦」等問題。

不少人因為習慣了「真心話一向不被父母接受」的情況，所以就連日後面對朋友、伴侶（夫或妻）或同事時，也不敢表達自我，然後就這樣過了四、五十年的人生。

然而只要從不同的角度來看這些例子，就可以從那些孩子的煩惱中，找到如何貼近、理解孩子真實想法的線索。

「家庭治療」——父母的改變讓孩子回歸正軌

現在，讓我重新解釋一下「家庭治療」吧。

以未成年人為對象的家庭治療有千千百百種方法和理論。以成年人為對象的家庭治療，則有三種常見類型，即：輔導對象為「只有當事人和他的家人」或「多名當事人和他們的家人（多家庭治療）」或「只有家人，不含當事人（家庭聚焦治療）」。

其他國家的主要輔導方針也很推薦將家庭治療用於治療思覺失調症、躁鬱症等精神疾病。標準做法是只與「當事人及其家人」合作。

近年來，其他國家也開始嘗試用家庭治療來解決其他問題，例如：攝食障礙、發展障礙、防範犯罪、藥物／酒精成癮問題、失智症等高齡疾病、憂鬱症等。

反觀現在的日本，雖然有一群有志之士在推行家庭治療，但是除了酒精成癮症

第1章

人一旦扼殺了感情，身心和行為就會跟著出問題

和某些疾病之外，大多都無法提供有系統的醫療服務。

現在，我們應該把目標和焦點放在「培養溝通能力，實踐家人之間的『傾聽、同理』」和「把溝通當作前提，全家一起努力解決問題」之上。

家庭治療的理想狀態是，當事人和家人一起重新檢視、探討彼此的關係。以我的做法來說，當治療對象是成年人時，即便對方在家庭關係上出了問題，我也不會馬上對他採取家庭治療。相對的，我會優先鼓勵當事人回顧自己的想法和行動模式，並透過治療來提升他的溝通能力，使他在有必要的情況下，能夠改善自己在家庭或職場上的人際關係。我認為，基本上，這個做法對很多人都行得通。

假如遇到當事人未能充分培養溝通技巧，或是家人難以諒解的個案、缺乏改變動機的個案，那我就會進一步嘗試讓親子或夫妻共同參與治療。我認為，這正是本該有的治療程序。

不過，親子關係長年緊繃的家庭，可能會對治療不抱希望，認為彼此都不會改

變。尤其是成人的個案特別容易有此現象。而越是這麼想，當事人就越絕望，然後不願再去接受治療。然而，縱使家人向醫療機關求助，通常也只會得到「不帶當事人過來，就無法進行治療」的答案，然後診療一次左右就結束了。換言之，他們實際上是吃了閉門羹。

我認為，若遇到這種難以處理的案例時，沒有當事人的「只有家人參與的治療（家庭聚焦治療）」反而更能發揮它的強大威力。傳統的精神病治療必須接觸孩子（患者）本人才能進行治療，而家庭聚焦治療的獨特之處在於，就算只對患者的家人做意識上的調整，也要嘗試解決問題。

在日本，這種針對成人的治療方法，可說是遭到精神醫學界完全忽視，所幸一直以來都有民間團體在默默耕耘，才獲得了部分家長的支持。

我見過不少案例，都是由「父母的改變」拯救了孩子。有些孩子雖有意改變自己，卻難以接受治療；有些孩子則是喪失了解決問題的動力──即使是這些難以處理的個案，也會因為父母的改變而獲得改善。

第 1 章

人一旦扼殺了感情，身心和行為就會跟著出問題

依我的經驗來看，家庭治療不只能改善繭居、拒絕上學、對父母謾罵或施暴的問題，還能遏止攝食障礙、購物成癮、割腕、過量服藥等自殘行為，以及改善邊緣性人格障礙、ASD（自閉症類群障礙症）、ADHD（注意力不足過動症）等發展障礙所產生的社會性問題行為。

有時，家庭聚焦治療也會以小組形式進行。我們稱之為「家屬交流會」。一般來說，家屬交流會是指「患者的家屬們一起討論煩惱、互相扶持」的活動。參加者可能是母親、雙親或兄弟姊妹等等。這些家屬會齊聚一堂，一一發表自己遇到的問題，然後再由治療師或曾經克服過此難題的人來提出建議、講述經驗，以供參考和學習。

我見過國內外各式各樣具有成效的家庭治療和家屬交流會之後，發現最重要的就是對孩子實踐「傾聽、同理」。

實踐「傾聽、同理」時，父母只要貼近孩子的心，持續聆聽孩子的心聲就行了。即使聽到孩子說出令人想要反駁的話，也要靜靜地聽他講完，並努力去了解他的

心情，以及藏在那些話背後的真實想法。

在這樣的交流會上，家屬們可以學習其他家庭在處理問題方面的成功經驗，並在治療師的建議下，思索「什麼樣的溝通方式有助於與孩子產生共鳴」。我深切體會到，「讓各個家庭學習『傾聽、同理』並貫徹之」是多麼重要的一件事。

畢竟大多數的父母都不了解「傾聽、同理」的概念，認為自己「已經一直在聽孩子說話了」、「還需要知道什麼嗎？」。

在一些親子關係緊張的案例中，當父母開始傾聽和理解孩子時，往往會先得到反效果，例如令孩子產生更多的不當言行。這是因為，長期受到傷害的孩子即使注意到父母往好的方向改變，也不會立即信任父母。

尤其是喪失信賴關係的家庭，特別容易使孩子產生更激烈的言行。這就像幼童常做的「試探行為」一樣，故意做一些父母不喜歡的事，例如，自殘行為增加、購物成癮惡化、異性關係變得更亂等，但這些都是暫時性的。

儘管如此，還是要貫徹用心聆聽的態度，堅持幾個星期、幾個月，等待下個階段到來。孩子進入安心階段後，就會開始收斂，並且慢慢地、小心翼翼地揭露藏在心底的真實感受。然後，當孩子感受到父母是發自內心接納自己時，就會有所改變（請參考圖3）。

家庭治療無關乎孩子的年齡。不管是多大的孩子，他的問題行為都有機會獲得改善。因為「想讓父母理解我」的目標已經達成了，所以再也不必以扭曲的形式來吸引父母關心自己，或藉由問題行為來發出求救訊號了。

然而事實是，很多人都不知道什麼叫做傾聽與同理，也不清楚深度同理是什麼意思。簡單來說，**只接收到孩子表面的次級情緒，就是膚淺的「聽」。相對的，「聽到」那些沒說出口的心聲，並予以認同，就叫做深度的傾聽與同理（請參考第93頁的圖4）。**心中早有結論的「聽」則不在討論範圍內。

對失去了原始情緒感受力的孩子來說，父母的深度同理就像「輔助輪」一樣，能幫他們找回感受原始情緒的能力。

當孩子借助「父母的傾聽、同理」的力量，感受到自己的原始情緒後，腦內那些惱人的噪音和其他次級反應就會隨之消失，於是，孩子就能培養理性處世的能力了。

・傾聽、同理的證據

近年來，越來越多的醫學證據顯示，不管是對精神疾病來說，或是對一些難以治療的疾病來說，「父母的真心體諒與同理」都是「最強的特效藥」。

近年來，就連思覺失調症也有望獲得改善。在過去，人們認為思覺失調症是內因性精神病，發病與否跟環境無關，且患者需要終身服藥。但近年，北歐發表了「開放式對話」治療的驚人效果，那就是，當患者還年輕時，若家人與周圍的人能持續、真誠地聆聽患者的心聲，那麼超過半數的患者都不需要服用藥物，也比較少再發作。

即使沒有這麼誇張，也有充分的證據顯示，如果家屬得到協助，提升了傾聽、同理的能力，並學會了同心協力解決問題，那麼患者的再發病率就會大幅降低。

躁鬱症同樣也是內因性精神疾病的代表之一。目前，統合分析（一種從更高層次整合、分析研究的可靠研究方法）的報告已證實，對躁鬱症來說，和家屬合作是最有效的心理社會性介入。

圖3 父母的「傾聽和同理」使孩子的心病消失

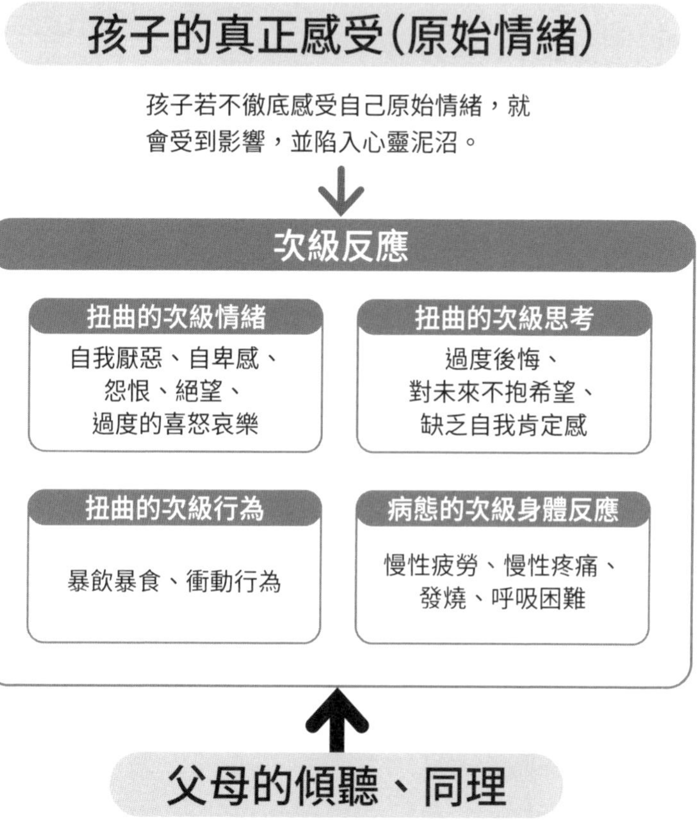

即使有這些狀況，依然可以透過父母的傾聽、同理來改善。當孩子感受到父母發自內心接納自己時，心病和問題行為自然就會消失。

就連在厭食症（神經性厭食症。統合分析顯示，目前沒有任何有效的治療方法）的門診心理治療中，與家屬合作也有不錯的成效。即使是嚴重的病例也能獲得改善。現在，日本似乎有一些團體正在嘗試驗證它的效果。

另外，有些成人發展障礙，例如尚無法根治的ＡＳＤ，也會造成適應不良或引發問題行為。而我發覺，用前述的治療方式來處理這些病例時，往往也奏效。

現在，英國的國民健保署ＮＨＳ已採納了家庭治療，並指導國民：不必等到全員到齊才開始進行家庭治療，只要由可以加入的人（即便只有一個人也沒問題）、可以接受的形式開始執行就行了。

我也認為，「家庭聚焦治療」對複雜的案件來說，具有實際且重要的意義。

在接下來的案例中，我想讓各位看看「家庭治療」如何讓一位封閉長達20年的男性回歸社會。

＊

實例3 Y先生重新面對學會了傾聽和同理的母親，走出將近二十年的繭居生活。

【子女】 Y先生：四十多歲　拒絕上學、繭居

【父母】 父親：已故（於五十歲出頭過世）　母親：約七十五歲

【家庭環境和事發經過】

Y先生生在某個城鎮的大地主家。在當地，他們家可說是無人不知、無人不曉的豪門。

Y先生的父親是一個嚴格的人。Y先生從小就受到嚴格的教育，被告知：「你是繼承人，所以你必須表現得優秀一點。」而Y先生的父親在自己的母親（即Y先生的祖母）面前也抬不起頭，因此，Y先生的父親和母親做任何事之前，都得先看祖母的臉色。

Y先生自幼就背負著父母的期待，拚命念書，然後考進了當地著名的高中。但

是，他從高二起，就開始頻繁請假，成績也退步了。儘管如此，他還是成功畢業，一舉考上當地的國立大學。

然而，他的父親一點都不滿意。就連Y先生入學後，父親也會為了一些小事責備他：「從那種大學畢業後能幹麻？」這些話傷了Y先生的心，於是，他開始把自己關在宿舍裡，不願出門。父親得知這件事之後，便前往宿舍對他說：「你何苦這樣呢？」並試著激勵他。但是，Y先生不但沒有因此變得積極，反而還越來越封閉。

之後，父親因病驟逝。這件事促使Y先生搬回老家，但是，家裡卻有嚴厲的祖母和嘮叨的親戚們在等著他。母親也不想引起任何風波，因此沒有站在Y先生這邊。而Y先生就這樣繼續過著他的繭居生活，每天在家中無所事事。

後來Y先生有意擺脫這種狀態，於是接受了精神科的治療。但是，每一位醫生和治療師的治療，都無法幫助Y先生脫離繭居生活。最後總共看了七位精神科醫師，也無法改善症狀。回過神來，Y先生已經當了二十年的家裡蹲，年紀也超過四十歲了。而Y先生的母親也不再抱持希望。「就讓他繼續這樣繭居下去吧。」

【透過傾聽、同理來恢復的過程】

母親的親戚見到這種情形，便推薦他們母子倆去嘗試新的治療方式。首先由母親向治療師學習家庭治療的方法，以及如何給予Y先生適當的傾聽與同理。

在學習的過程中，母親終於意識到，自己一直都把注意力放在丈夫和婆婆身上，因而忽視了兒子Y先生。後來，母親便依照治療師的建議，開始用心聆聽Y先生說的每句話。

與此同時，Y先生也開始接受治療師輔導了。這次的治療師是一位女性，她和其他治療師的不同之處在於，她向Y先生提問後，都會靜靜地等待Y先生回答。

這並不代表Y先生馬上就對治療師敞開心房了。Y先生在接受輔導時，常常都處於一語不發的狀態。儘管如此，他還是會按時回診，乖乖接受每個月兩次的輔導。

就這樣持續了一年半之後，Y先生終於開口了。他開始一點一點的向治療師透露自己的心情與想法。

「我第一次感到心碎，是在高二的時候。」

「其實我想念別所高中。」

「我念得很痛苦，很想放棄，卻不敢告訴父親。」

之後，Y先生開始學習基礎溝通技巧，也就是如何向他人表達自己的想法。於是漸漸的，他開始能和母親溝通了。

母親也在不斷練習傾聽和體諒之後，成為真正擅長傾聽的人了。她不會反駁Y先生所說的話，甚至還會說：「我以前都沒有注意到你的感受。」

此時，除了兩人的關係逐漸改善之外，家庭環境也有了變化。因為，家中最有威望的祖母，以及囉嗦的叔父、叔母都相繼去世了。

這個變化使母子倆的互動增加了。某天，兩人在交談時，母親對Y先生說了這樣的話。

「我以前都沒關心你。是我不好，對不起。」

這是她在那一刻的真實心聲。Y先生聽到母親對自己坦白，也感到相當的開心。

最後，Y先生在這句話的影響下，自然而然地敞開了心房。雖說還不到「和任何人都能順利溝通」的程度，卻也讓他萌生意欲，透過自學考到證照，開始能幫忙處理家業了。

此外，Y先生還接受了當地政府的建議，在自己的土地上建造租賃住宅，然後成為那裡的管理人。而且，他的舉止也變了。以前，他總是畏畏縮縮，好像自己犯了什麼錯一樣，而現在，他已經不再散發出那種感覺了。他的表情變得更開朗，話也慢慢變多了。雖然Y先生花了幾十年的歲月才走到這一步，但現在的他每天都過得很充實。聽說他目前的興趣是開車到海邊兜風呢。

說出心中的不安與憤怒，心情上就會輕鬆許多

以前在日本，三代同堂是很常見的，就跟Y先生的家庭一樣。然而，如果家庭富裕，且祖父母的權力太大，那麼媳婦（母親）就會把注意力放在祖父母身上，因此忽略了自己的小孩。

不少家境不錯的孩子看似過得很好，都不用吃苦，實際上卻沒有得到應有的父愛或母愛。其實，Y先生的妹妹也說過：「我和哥哥都不把他們（雙親）當父母看。」

就像這個案例一樣，當父親的身分是商人、大老闆、老師、律師、醫師或其他「專業人士」時，往往會有雄心壯志與崇高理想。這種人在家庭中往往不願退居次位，就連在教育孩子時也是這麼想的。而且，就算當父親的嘴上不說，當孩子的還是會感受到父親的態度，或聽到親戚或其他人多嘴：「你父親這麼優秀，你也要努力追

第 1 章

人一旦扼殺了感情，身心和行為就會跟著出問題

隨父親的腳步。」雖然有些孩子可能對此不以為然，甚至因此被激勵，但一些比較敏感的孩子，往往就會被這些無形的壓力擊潰。

在某些案例中，父母甚至會搬出養育之恩來壓孩子，對因為承受不了現況而陷入泥沼的孩子說：「你知不知道我花了多少錢在你身上？」使情況變得更糟糕。

恕我冒昧地說一句，這樣的父親在家裡，往往都會把自我價值感擺第一，因為他們太有自信了。「擁有堅不可摧的心」或許是令父親們事業有成的要素之一，但是在撫育子女方面，卻會對母親（妻子）帶來很大的負擔。如果母親是意志堅強的人，就會回嘴吵架，但如果是意志薄弱的人就會受不了，然後哭著入睡。

孩子長期看著愛吵架的雙親，或一直受委屈的母親，就會產生「不能增加母親的負擔」、「必須當乖孩子」的想法，於是開始壓抑自己的情緒。

假如父親只管工作養家，而把家裡的大小事全交給母親打點，那麼對孩子來說，母親就是自己的生命線。因此，孩子為了避免增加母親的負擔，自然會變得過度謹慎。

這並不是說，所有的孩子都會因為這種父母而陷入心靈泥沼。我發覺，會感到

痛苦的，大多都是心思細膩的孩子們，好比Y先生就是其中之一。情況一旦惡化，往往轉眼就從男孩、女孩變成四十、五十歲的中年人了。

孩子會藉由觀察父母來學習溝通的基礎。例如，當父母的意見相左，或關係降至冰點時，若沒有互相體諒、好好溝通的話，孩子就只能向某一方學習，不是學父親固執己見，就是學母親處處忍讓、在夜裡哭泣。像Y先生這種心思較細膩的人，就很容易變成後者。

相反的，若孩子學了父親的風格，變成自我中心的人，那麼，他就有可能在其他地方製造出新的受害者，形成惡性循環。

不過，即使陷入Y先生那種狀態，也是有機會重拾正常生活的。只要父母讓孩子把「不喜歡的事」、「不敢講的事」或「擔心的事」通通說出來，並接受這一切的話，那麼不管是孩子，還是父母的其中一方，都會感到心情上輕鬆許多。

說出一切所需的時間，取決於孩子囤積了多少壓力。以水量來比喻壓力量的話，它可能是一杯茶的量，也有可能是一個臉盆的量。只要說出一切，就能擺脫彷彿

被掐住脖子的窒息感，找回輕鬆自在的心情。

在Y先生的案例亦是如此。母親的注意力隨著祖母過世而轉移到Y先生身上，同時，母親也透過學習傾聽和體諒，聽見了Y先生的真實心聲，因此消除了Y先生的不安與焦慮，使他自然而然地產生積極的心，成功擺脫了繭居生活。

第 2 章

先去了解孩子的艱辛之處

當孩子感受到父母「接納自己」時，便能擺脫絕望

我曾試著將自己的痛苦和焦慮告訴丈夫（或妻子），但對方只會裝懂，說一些「這種時候只要這麼做就行了」之類的大道理，根本無意了解我的心情。接著便發現對方漫不經心地聽我說話。然後，我也懶得跟他講了，反正說什麼都沒用，最後甚至想大喊「算了！」

——相信在很多夫妻或伴侶之間，都曾發生過這樣的事吧。

其實，在心生糾葛、自我封閉或具有問題行為的孩子和父母之間，也常上演這種錯過彼此的戲碼。

造成孩子行為偏差的，正是孩子對父母的絕望和不信任——「反正他們都不會體諒我。」

那麼，該怎麼做才能幫助孩子擺脫絕望，找回對父母的信任感呢？

答案就是：不斷傾聽孩子的心聲、接納孩子的感受，即「傾聽與同理」。**人要是感受不到交談對象「接納了我的感受」，那麼即便獲得再好的建議，也會完全聽不進去。**如果對方不好好聽自己說話，甚至給了錯誤的意見或亂說教，那肯定會討厭對方吧。

用心聆聽孩子的心聲，可幫助孩子重建對父母的信任，且往往可以解決自我封閉和種種問題行為。

父母的傾聽和同理能讓孩子對父母改觀

父母貫徹傾聽和同理後，使他們的成年子女得到救贖，擺脫了閉門不出和其他偏差行為。接下來就讓我們來看看，這些孩子說了哪些話。

「知道爸媽為了我參加家庭治療後，我好開心。原來他們沒有放棄我。」

「爸媽變了。變溫柔了。」

「爸媽不再計較一些小事了，所以我也不必再戰戰兢兢的了。」

「父母變得更開朗、更大方了。我也不必再為此頭痛了。」

「父母不再囉嗦了。這也讓我感到，我有義務振作起來。」

「父母比以前更常談論到我了。明明是理所當然的事，卻令我感到如此開心。」

「現在，父親很重視母親。因此，我的不安也消失了。心情上輕鬆多了。」

「我的問題改善後，家庭氣氛也變好了。我希望爸媽繼續參與家庭治療，這樣就能放心了。」

「每次，爸媽接受完家庭治療回家後，都特別溫柔、開朗。我也確切感受到我們變得更親近了。」

相信各位看完這些都能感受到，父母的存在與親近對孩子來說是多麼的重要。

獲得父母的傾聽和同理後，孩子也會有所改變

接下來，我想和大家分享孩子們講述「父母的傾聽和體諒」是如何改變他們的。

「我變了。」

「我可以依照自己的意思採取行動了。」

「父母寬容地接受了我的意見與行動。有了對等關係後，我變得更有自信了。」

「我的內心自然湧現出『想走自己的路』的積極感。」

「我從『想攻擊父母』變成『想感謝父母』了。」

「從小就當『好孩子』，當得好累，但現在已經沒有任何束縛了，終於可以當『真正的自己』了。」

「我感到輕鬆多了，不再害怕失敗了。」

我們可以從他們的話中，看出他們終於感受到生活的樂趣與活力。他們或許比同年齡的人晚起步，但也開始想要藉由挑戰新事物來試探自己的能力。

將孩子逼到走投無路的「大道理」和「責罵」

那麼相反的，父母究竟做了什麼，才會把孩子逼到走投無路？

其中之一就是「大道理」和「責罵」。

依我的經驗來看，不少閉門不出或行為偏差的孩子，都是來自世人眼中的「知識分子家庭」。在這樣的家庭中，家長往往會以「道理」和「自己的主張」來教育孩子。

這樣的教育方針當然也教出很多優秀的孩子。但是，如果堅持「用同樣的方式教育每個孩子」，持續對不適合此方針的孩子採用相同的教育方式，那麼跟不上的孩子就會因受不了而崩潰。就算沒有令孩子產生心病、變成家裡蹲，它的本質還是跟「因反抗惡毒父母而惡化的親子關係」一樣。

地位較高的人在講述道理或主張時，很容易在表面上使人屈服。因為是正當的理由，所以孩子再怎樣也辯不過父母。

譬如，當一個孩子因為自律神經失調而無法早起時，父母或許就會罵道：「天都亮啦。到底要睡到什麼時候。快起床！」天亮後的確該起床，但這個孩子即使想起床也爬不起來。

成長中的孩子，多少會有一些不講理的言行舉止。我認為，試圖用大道理和主張來使孩子屈服，只會把他們逼入絕境而已。

就結論而言，在教育子女上，若只會用一種的「大道理」來壓孩子，那就只是父母的自我滿足罷了。我認為，這是有害無益的做法。尤其，若對心靈陷入困境的孩子講大道理，那只會讓情況變得更糟糕而已。

有些人在孩子無法遵守承諾，試圖反省、道歉時，也不聽聽孩子的解釋，或去了解孩子的心情，只會氣憤地說：「你不遵守約定，就是看不起父母。如果尊重對方的話，就不會這樣做了。」

如果換成「知道錯就好。下次要好好遵守承諾喔」，那麼，孩子必定會有不同的反應。

第 2 章

先去了解孩子的艱辛之處

當然，有時候，嚴厲斥責也是必要且有效的，不過這就要視孩子的態度而定。不過，如果都不關心孩子的感受與反應，只知道沉浸在「這就是我的教育方針」的自我滿足之中，而一昧地把自己的價值觀強加在孩子身上，那就另當別論了。

聽孩子解釋後，最好根據孩子的個性與當時的狀況，來對孩子講一些溫柔的話，這樣一來，孩子的態度或許就會軟化，並產生「下次要做好」的念頭。尤其對於那些在不自在環境中長大的敏感孩子，更不適合用大道理和嚴厲譴責來指導。我想，用人情味與人的溫暖，慢慢地、寬容地引領他們，才是對親子雙方都好的做法。

另一種把孩子逼到走投無路的做法就是「不講理」。

當我和那些擔心孩子不出門或行為偏差的父母交談時，經常聽到他們對養育子女一事抱有以下論調。

「照顧孩子應由母親來做。我這個當父親的不應該插手，不然孩子會感到混亂。」

「沒必要跟孩子溝通。父母只需對孩子嚴加管教就行了。」

「寵孩子只會寵壞他。」

然後，這些父母還會對痛苦的孩子說這樣的話。
「休息夠了沒？該去上學（上班）了吧。」
「人生本來就很苦。痛苦的不只有你。」
「無法早起是因為你的氣勢不夠。拿出氣勢來！」
這些話對父母而言，或許是理所當然，但對孩子來說，卻是「蠻橫無理的言論」。有些父母甚至泰然地對孩子說：「你很笨，所以聽爸媽的話就對了。」
「因為你很笨」這種蠻橫的話，只會扼殺孩子的真實情緒，把他們推入更深的深淵中。

從我的經驗來看，這種話往往出自父親的口中，而通常，那個父親也是家中地位最高的人。因此，家裡的每個人都無法對父親抱有意見。
在這種環境下，孩子的反應有兩種。
一種是氣媽媽——「媽媽為什麼不替我說話？」「她應該再堅定一點！」另一種則是氣爸爸——「媽媽也是可憐的受害者，所以我不能給她添麻煩。」「我不能只想著自己，不顧媽媽的感受。」

在第一章介紹過的S家案例中，S先生的母親就是那種「只懂得息事寧人」的人，因此他們家形成了一種默契，那就是「你就忍耐一下，不然爸爸會生氣」。儘管S先生很氣自己的父親，卻不敢說出來，也找不到傾吐對象，於是長久累積下來，就把他逼上絕路了。

父母光是接納孩子的真實想法，就能讓孩子改變

比「家裡蹲」更讓父母頭疼、感到心累的有：言語或行為暴力、自殘行為、各式成癮症、飲食障礙等問題。

孩子們之所以會出現這些偏差行為，是因為他們無法感受自己痛苦的原始情緒，導致他們顯露出自己的次級情緒，飽受各種問題折磨，如：扭曲的想法、膨脹的情緒、不健全的身體感受和反應。為了解決那些自己無法感受到的原始情緒，他們會希望父母能體諒自己難受的心情。而說不出口或無法傳達給父母時，就會改以行動來表達「我就是這麼痛苦」。

比方說，子女的家暴行為可說是家庭內的恐怖攻擊，它不僅無法改善親子關係，還會帶來惡性循環，但是，這也等於是在告訴父母，自己的孩子或許正在受苦。只是，有辦法用這種形式來傳達痛苦的，也只有力氣比較大的男性，或者是個性比較強勢，能夠顯露出情緒的人而已。

如果是無法訴諸暴力的女性或個性柔弱的人，就會透過繭居、飲食異常、飲食障礙、自殘行為等內向型衝動行來表現自己的痛苦，或者是對某事物成癮。例如，厭食症的另一面可能是無意識的絕食抗議。有些患者就是這樣，藉由讓自己生病，才終於得到父母的關心。不過，有些人並沒有這個意思，卻也得了厭食症，因此千萬不可妄加臆測他人的病因。

以下也是實際上經常發生的例子——爸媽一吵架，年幼的孩子就開始喊「我的肚子好痛」。於是，爸媽開始認真討論小孩的事，忙著打電話叫救護車，或一起帶孩子上醫院。而父母的「同心協力」讓小孩鬆了一口氣，因此到院後，腹痛也消失了……。

腹痛並不是小孩裝出來的。這是因為，即便是語言能力尚未成熟的幼兒，也會從父母的衝突中，感受到作為生物的生存危機，所以，他的本能才會用這種非語言的形式來傳達訊息。

然而，有些看不清事物本質的父母，就只會毫不在乎地說出「一遇到問題，你就裝病」這種話來諷刺孩子。有這樣的父母，還能指望孩子重視自己的感受嗎？

此外，在叛逆期走偏了的孩子也一樣。對我來說，從前那些暴走族在夜裡製造出來的喇叭聲，聽起來就像他們的悲痛吶喊——「老爸、老媽，求你們回頭看看我，體諒一下我的痛苦和寂寞啊。」

同樣的，孩子做出問題行為，也是為了傳達「自己正陷入窘境」。當一個不被父母接受，且笨拙、不成熟的孩子，試圖把自己的難處傳達出去時，他的問題行為或症狀就會「越演越烈」。而且不幸的是，事態並不會往好的方向發展。

那麼，為什麼除了幼童之外，就連二十幾歲的大孩子，甚至是四、五十歲的中年子女也會故意惹父母生氣呢？

這都是因為，從很小的時候起，他們就因為父母，而不得不扼殺自己的「真實」情感。

就像嬰兒哭鬧一樣，年幼的孩子也會撒嬌或鬧脾氣。上了幼稚園或小學後，也會吵著「我想買那個！」「我不想念書！」之類的。此時，父母可能會罵：「不可以任性」，但在大多數的情況下，父母還是會讓孩子大哭一場，把想講的話講完，也就是讓孩子表達「真實」情感，使孩子的壓力得以抒發。

孩子還小時，對父母不滿的話，頂多就是吵著要買便宜的餅乾糖果，或是摔摔玩具就過去了。

然而，若小時候不能表露那些情緒，那麼長大後，就會用不健康的形式將壓力囤積在心底。由於孩子無法將「真實」感受傳遞給父母，因此沒辦法順利學會「處理情緒」的技巧，換言之就是無法重置自己的心情。

正如我在前面提過的，「真正」的感受又叫做「原始情緒」，也有人會稱之為「心靈的指南針」。這是生物的本能，若能感受到自己的想法，並有建設性地表現出來，我們就能傳達自己的意願，做自己喜歡的事，或擺脫不喜歡的事。

假如從小就一直被父母用「別說那種傻話」來阻止自己說出感受，那麼長大後

就不敢說出想法，只能夜夜哭泣了。然後不知從什麼時候開始，就變成只會看別人臉色行動、害怕失敗、無法挑戰新事物的人了。到頭來，不但無法磨練獲取成功的技術，還搞不清楚自己真正的感受、自己究竟想做什麼。

真實感受屬於本能，因此和身體感覺有密切關聯。正因為如此，人一旦壓抑了真實的情緒，就會影響健康。症狀因人而異，有的像得到厭食症一樣，感受不到飢餓；有的像暴食症一樣，吃再多也不覺得飽；有的像過勞一樣，不管做什麼事都無法健全地感受到疲勞，進而引發感覺異常，例如無法恢復的慢性疲勞、倦怠和疼痛，或是對割腕產生快感等。

相信各位已經知道，**能幫助那些孩子解決問題行為的，就是「父母用心聆聽孩子的真實心聲」。不管對年幼的孩子或成年的子女來說都一樣。年齡不過就是一組數字而已。**

小時候沒學過怎麼寫字的大人，就算活到一把年紀，也只能從基礎的單字開始學起。同樣的道理，如果成年之前沒有養成健全的心靈，那麼這位大人也只能從兒童的程度開始學起。不管外表多成熟，內心的本質還是跟小孩一樣。父母親的影響就是如此之大。

然而，與未成年孩子不同的是，成年子女還得被「我都幾歲了，到底還要對年邁的父母說多久的幼稚話」的罪惡感所折磨。而這種因內心糾葛而生的煩惱，是會隨著年紀增長而膨脹的。我們千萬不能忘記這件事。

「生氣的人就是遇到困難的人。」

這是心理學界常講的一句話。有心病和心放不開的人之所以生氣，並不是因為他們想生氣，而是因為他們的背後有焦慮、寂寞、悲傷等真實感受（原始情緒）在影響他們（請參考左頁的圖）。他們想消除這些痛苦不堪的情緒，卻又因為太痛苦而無法面對它，所以才把真實感受埋藏起來，然後想盡辦法逃避它。而情緒不斷累積、膨脹後，就會溢出，化為怒氣與衝動行為。

夫妻吵架也是同樣的道理。妻子並不是因為想怒吼，才對著丈夫怒吼的。這是因為丈夫沒有用誠摯的心聽她講話，或是沒有體諒她的心情，令她焦慮、傷心或寂寞，才導致她大吼大叫。

「認真聽我說話好嗎！」當其中一方這麼說的時候，對方往往會回「又在講同

圖4「聽」和「聆聽」的差異

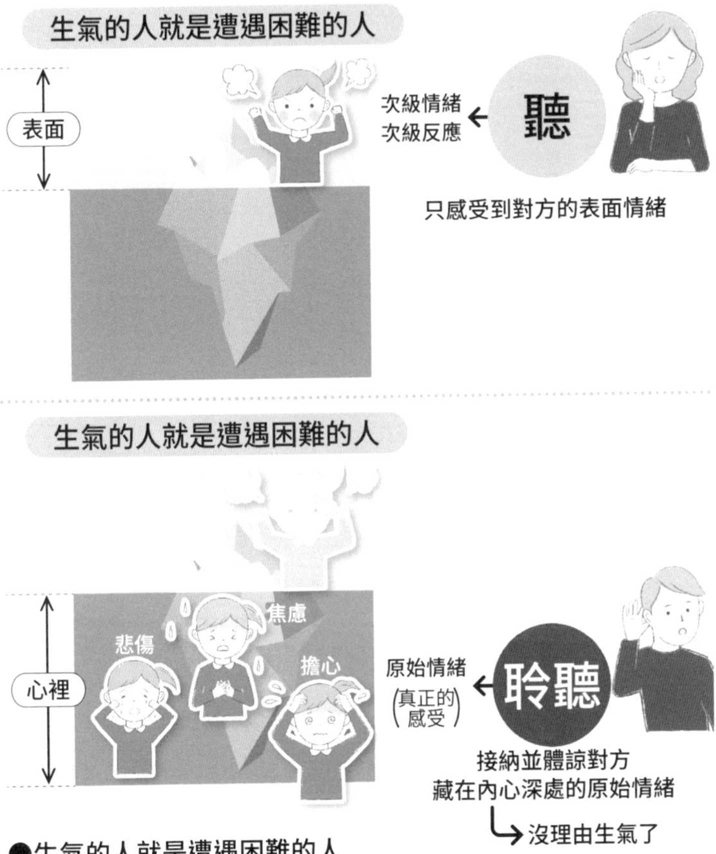

●生氣的人就是遭遇困難的人

「生氣的人」其實並不想生氣。這是因為潛在的「悲傷、焦慮、擔心」等真實感受實在太痛苦了，所以他們不斷壓抑，最後，壓不住的情緒就不斷膨脹，變成怒氣爆發出來。

樣的事？」、「你還說不夠多嗎？」、「到底要講幾遍才甘心？」等等，對吧？接著若繼續講：「還不是因為你都搞不懂重點在哪，才害我要講那麼多次。」對方就會不爽：「你這是什麼理由！」於是就吵起來了。

這同樣適用於子女的暴力言行問題。此時的關鍵在於，去感受對方藏在內心深處的真實感受（原始情緒），而不是直接接收那些憤怒、衝動等「表面」情緒（次級情緒）和相關問題行為（次級反應），然後對此進行反駁。

如果孩子沒有深入感受自己情緒的能力，那麼為了讓他學會這樣做，父母就要有一雙善於傾聽的耳朵，和一雙善於觀察孩子行為的眼睛。

說到這裡，一些家長可能會問：「非父母不可嗎？」對此，有兩個理由證明了非父母不可。**第一點，世界上沒有人能比父母更願意無私地幫助一個年長且陷入困境的成年人。第二點，也是更重要的一點，那就是，在處理親子所面臨的基本問題上，再怎麼優秀、專業的治療師，也不比父母親自出馬來得有效。**

倘若真的無法得到父母的幫助，那麼，尋求治療師協助當然也是另一個好選擇，只不過，這會非常花錢、花時間，而且相對困難，即便最後成功了，成果也不如「父母接納孩子」來得幸福美滿。縱使治療過程再順利，治療師終究也只能提供「第二好」的救贖與治療。

我認為，在日本很難找到一位出色的精神科醫師或諮商師，部分原因是制度問題，但部分原因也是因為我自己能力不足，找不到。當我環顧四周時，也會有同樣的感覺。

所以，我才會在本書中不斷強調「父母乃是首選」與「父母的重要性」。

孩子是因為得不到父母的諒解，才產生了「寂寞、悲傷」等情緒。待父母用心聽見這些心聲，讓孩子感到安心後，那些沉積已久，宛如淤泥般的情緒就會隨之消失。

等孩子體驗過這種渾身舒暢的感覺後，就會學著重視自己的真實感受，萌生「想要做自己」的想法。接著，他自然就會覺得「再這樣下去不妥」，然後開始積極地朝向未來走去。這樣就是真正的獨立，而不是別人強迫的。

雙親本身也需要正視自己的感受

面對繭居問題時也一樣。父母必須用心聆聽孩子講話，才能讓他們敞開心房，吐露真正的心聲。

然而，這件事沒那麼容易實踐。在親子關係出問題的案例中，當父母終於願意聆聽子女的心聲，而子女也終於願意交談時，大多數的父母都會無意識地打斷對方說話，或開始說自己的意見。

「不對，雖然你這麼說，但……」

「別說那種傻話。」

在某些情況下，父母甚至會開始生氣或說教。然後，只有講完話的父母會感到滿意，子女則會感到失望或覺得被羞辱，於是彼此之間開始產生溫差。可是，父母完全不會注意到這件事。

為何父母會不自覺地講那些話，而不去聽孩子怎麼說呢？

第 2 章

先去了解孩子的艱辛之處

其中一個理由應該是「太擔心孩子」吧。此時，父母八成是落入了「以父母的心情為優先」的陷阱中，所以才會優先考慮自己的擔憂和一些感受，而不是孩子的情緒。

父母或許能透過講述自己的意見，來暫時減緩自己的焦慮。但是，孩子在說完話前被父母打岔，就會心生不滿——「明明輪到我說了。我都還沒說完呢！」——然後變得動彈不得。

這個議題也適用在孩子的升學、就業問題上。很多父母會替孩子鋪設美好的道路，幫孩子做好成為菁英該有的準備，或是將他們自己的理想生活方式強加給孩子，如此一來，他們就能放心了。當然啦，如果子女可以接受的話，那倒是無妨。

還有一種父母是嘴上說「書念不好也沒關係」，可是當孩子拿到好成績時，就會顯得非常開心。心思細膩的孩子絕對不會忽略這種細節。

「父母因為孩子成績好而感到開心」是很尋常的事，可是，越敏感的孩子，越容易揣測父母的價值觀——「雖然爸媽說考不好也沒關係，但他們果然還是覺得會念書比較好」——然後就把自己的想法藏在心裡，朝著父母喜歡的方向前進。有些孩子會受此激勵，獲得成功，然而，也有人是承受不了這種壓力的。後者才是問題所在，但越是這樣的父母，越是會自豪地說：「我從來就沒要求過孩子必須考取好成績。」

遇到這種沒有好好聆聽孩子心聲的父母時，我會問他們：「如果請你多聽聽孩子怎麼說，你覺得如何？」而他們往往會不服氣地回答：「這樣只會寵壞孩子！」、「我家的孩子總是在說一些任性的話，我聽得夠多了！」

有些父母會因此生氣，退出家庭治療。有時候，就連在患者本人的強烈要求下，努力對他們的父母解釋時，也會被罵：「居然說病因在於父母！你這個過時的醫生！」

然而，縱使是這樣的父母，看到自己的孩子陷入那種狀態也是會傷心的。我認為，正是因為父母愛孩子愛得太深，才會用如此嚴格、理想化的方式對待孩子。他們一直以來都是為了孩子好，才用那種方式教育孩子，所以他們這樣做並非全錯。

只不過，看到孩子陷入泥沼，不見好轉時，還是要有建設性地修正自己的做法吧？因此，父母必須接受「孩子比自己想像的還要纖細、敏感」的事實。而幫助孩子振作起來的關鍵就在於，父母本身也要好好正視自己的感受。

有時候，其實是父母壓抑了自己的感受

我見過不少患者的父母也過著壓抑自我的生活。

許多父母在閱讀這本書時可能會發現，他們只感受到憤怒或內疚。事實上，大多數的父母在剛開始接受家庭治療的階段，都會把怒氣發洩在治療師身上，不然就是過度自責。這些父母就像俗話說的「生氣的人，就是遭遇困難的人」一樣。他們很有可能是不擅長感受深層原始情緒的人

父母本身也不擅長面對自己真正的情緒——這或許是這些父母的固有特質，但也有可能是因為他們沒有機會對自己的父母表達心聲，或自己的感受不被父母完全接納，才導致他們養成自我麻痺、忽略原始情緒的習慣，變成一個情感麻木、戴著面具般的大人。而且這樣的人並不少見。如此一來，他們當然無法察覺子女承受著多大的

痛苦，更別說是接納這一切了。

還有一種父母是無法克制情緒的父母。他們跟前者的相異之處在於，他們會不斷壓抑原始情緒，導致自己被次級情緒影響，因而變得情緒不穩。如此一來，子女就會因為常被父母的情緒耍得團團轉，而變成一個不敢表現出真實感受的人。

因此，如果你也是這樣的父母，那麼請你先正視自己的感受。看看自己「究竟是希望孩子怎樣」、「這麼做到底是為了孩子，還是為了自己」、「為何會感到憤怒或焦慮」等等。

待父母開始認真面對自己的原始情緒後，那些膨脹的次級情緒就會慢慢消失。如此一來，就算在傾聽時湧現不安，也有勇氣面對它了。這樣就不會優先考量消除自己的焦慮，而且還能抱著這樣的感受，把孩子的話聽完，讓孩子把真正的心聲表露出來。

有些父母在學習對子女傾聽、同理時，才注意到自己也對父母抱有憤怒或悲傷的情感。我們總是將發生父母親身上的這種現象，視為子女即將回歸正軌的前兆。因為，這證明了父母比以前更有辦法感受到自己的原始情緒，換言之，他們在面對子女時，也更容易產生同理了。

不是因「太寵」而苦，而是因「不夠寵」而苦

「醫生，您說的這種做法只會把孩子寵壞吧！」

有些父母聽到我說「請您好好地聆聽孩子說話」，就會不服氣地丟這句話給我。父母看到的是：那個自幼就不會耍任性、品行良好、會自動自發念書、不會跟朋友吵架、貼心又令父母驕傲的孩子，居然無法自立，還生了心病，而且都變成這樣了，專家們居然又建議「傾聽孩子說的話」。或許是因為如此，才讓那些父母感到無法接受和灰心。

還有，當我在處理長年閉門不出的嚴重個案時，可能建議他父母：「孩子真的很痛苦的話，就不要逼他上學（上班）。請讓他隨心所欲吧。」

有些父母聽到我這麼說，就會激烈反彈：

「這麼寵孩子怎麼行！」

但是，這完全是誤會。**父母或許覺得自己一直都很寵孩子，不過實際上卻相反。孩子心理生病，大多都是父母「不夠寵」所造成的。**

孩子從父母那兒獲得滿滿的愛，一面放心地依賴父母，一面成長。這就叫「形成依附」（請參考下一頁的圖）。當「形成依附」成熟後，孩子的注意力就會像離心力一樣，逐漸向外發展。換句話說，「形成依附」對往後的心理發展和建立人際關係來說，是不可或缺的一環。

然而，即便不討論受虐兒和其他極端的案例，那些自幼就擔心父母吵架、一直扮演著「乖孩子」的子女，也沒有機會依賴父母。另外，若父母對孩子過度期待，不斷對孩子施加壓力的話，那麼，他們的孩子也無法撒嬌、依賴父母吧。

被父母寵愛和接受他們的愛一樣有價值（請參考第105頁的圖）。愛是人們活著的燃料（原動力）。孩子被父母好好疼愛過，就等於儲存了大量的燃料，往後就算放他一個人，他也能自立自強。

圖5「形成依附」的示意圖

獲得生存的力量
獲得人際
協調能力
怎麼了？
沒事囉～
養育者
接受孩子
的行為
孩子
體驗到滿足感
好幸福
抱抱我～
我餓了～
孩子
尋求養育者
關心的行為
對養育者
產生信賴感
遇見他人、
信賴他人
孩子產生
自我肯定感

然而，如果孩子在小時候沒有得到父母充足的關愛，沒有得到充足的燃料，就會在途中耗盡燃料，無法過正常的社會生活。當孩子沒有得到充足的寵愛時，就無法產生「父母會好好地接受我的感受」的安心感，因此，即便他們心裡知道「必須去工作」、「必須去上學」，身體也動不起來。

若繭居子女是四、五十歲的人，世人或許就會覺得他們「都這把年紀了，還在啃老」，但其實，繭居行為無關乎年齡，年齡不過是數字罷了。

有些堅強的孩子會早早看清父母，想辦法自立自強，然而，有些比較敏感的孩子若沒有得到充足的關愛，不管活到幾歲都無法獨立。大家應該要知道，「依賴、撒嬌」是健全成長所需的能量，若小時候在這方面的質和量上都無法獲得滿足，那麼不管這個孩子長到多大，他還是會繼續尋求他所缺乏的「被呵護」。

在這種情況下，若對孩子說「我不是一直在聽你說話嗎？」「我不是一直都在照顧你、寵你嗎？」那彷彿就像在對已經脫水、感到口乾舌燥的求水人說：「只要有

圖6「愛」是讓人活下去的燃料

被父母寵愛，就跟得到父母的愛一樣。

被父母好好寵愛過的孩子

加滿愛的燃料，離開父母後也能自立自強。

沒有被父母充分關愛的孩子

小時候沒有從父母那兒獲得充足的愛，
於是到了中途就把燃料用光，無法自立。

水分就行了吧？反正水分都一樣。」然後只給對方吃水果或生菜沙拉。聽到對方懇求「不是的，我是想喝水」時，還回答「不是給你很多水分了嗎？怎麼還需要水分？」或「光給你水的話，對你不好吧」不斷折磨對方，完全沒有意識到自己的錯。很多孩子都告訴我，這個比方打得太好了，他們完全可以理解。

「被珍愛的人寵愛」的重要性，也可用夫妻關係來做說明。

當丈夫或妻子向另一半抱怨家庭外的人際關係或事物時，他們要的是對方理解他們的挫折，而這也是一種撒嬌的方式。即使是成年人也希望得到呵護。

撒嬌並不是壞事。即便在夫妻關係中，它的基礎也是建立在「傾聽和同理」之上。許多夫妻都是因為彼此不願聆聽對方的心聲才離婚的。會有人說「我老公太懂得聆聽我的心聲、太懂得體諒我，搞得我想離婚」嗎？應該沒有吧。

撒嬌對兒童來說更是重要。小孩子之所以努力念書、乖乖聽父母的話，都是為了得到父母的誇獎、獲得父母的疼愛。對孩子而言，父母就是心靈的避風港，是最安心的地方。

所以說，**從現在開始也不遲。那些從未被滿足的孩子們，不管到幾歲都還在等待父母的關愛。因此，請各位好好聆聽孩子的心聲，讓他們把真正的感受表達出來，並讓他們好好感受那些情緒。**

但我必須重申，當父母試圖傾聽和理解時，情況越是複雜的個案，越容易使問題行為出現暫時性的惡化。而這都為了試探父母是否真的改變了。由於孩子對此抱持深度懷疑，所以往往會不斷透過言行來惹父母生氣。當父母遇到這種情況時，肯定會很擔心，但是不要緊，因為這證明傾聽和同理起作用了。到了某一天，孩子的態度就會突然好轉。因此還請各位繼續堅持下去。

極度不信任父母的孩子會用較激烈的方式來試探父母，且沒完沒了，令父母非常焦慮。在這種狀況下，父母不妨透過分享情況和建立盟友，來建立一個得以承受此狀況的支援系統。例如在家屬交流會上分享心得，或跟遇到相同問題的家長分享資訊，或尋求諮商師以及其他專業人士的意見。

傾聽和同理不可缺少「真誠」和「接受」

「傾聽和同理」指的是，父母要用心聆聽孩子的真實心聲，然後和孩子一起感受那個情緒。

「我之所以能振作起來，是因為不管我做了什麼，或變成什麼狀態，父母都不怕、不慌也不逃，並溫柔地接納我。」

這是那些因為父母改變而從繭居或問題行為中恢復過來的孩子們常說的一句話。換句話說，孩子自己也在教父母如何振作，但首先，父母必須學會傾聽與體諒，才有辦法走到這一步。

我認為，父母在執行「傾聽、同理」時，須注意兩個重點。

・真實性

第一點是「真實性」。也就是說，父母應該要真誠、坦率。大概就跟「不說表面話」的感覺差不多。這也類似於諮商用語中的「純粹性」概念。總之就是不要懷疑孩子說的話，不要講挖苦或諷刺孩子的話，要用表裡如一的態度去面對孩子。

還有，雖然可以和孩子產生同理，但切記不能真的跟著孩子一起陷入過度消沉的情緒中。「同理」固然重要，但不可以淪為似是而非的「共鳴」。

共鳴是一種過度反應，也就是被孩子的情緒牽著走。這是因為聽的人只看見對方的次級情緒，或是因為聽的人也沒有正視自己的原始情緒，才導致自己的次級情緒過度膨脹，進而產生過度反應。

而處理的訣竅就是不要把注意力放在對方或自己的次級情緒上。此時應該去感受和面對自己或對方的原始情緒，就算過程中伴隨著痛苦，也要去理解、感受彼此的真正想法。

‧接受

第二點是「接受」，也就是坦然接納孩子的情緒。父母必須注意的是，不可以加入自己的解釋，或否定、扭曲孩子的話。父母只需專心聆聽，不必加以評論。關於這一點，我會在下一章中做詳細解釋。

我在上一章中介紹過一位女性的例子。她說：「父母不但沒有放棄我，還接受了這樣的我。」她還說，她之所以企圖在家縱火、上吊自殺，其實有一部分也是為了試探父母，想知道父母是不是真的愛著自己。

換句話說，她就是發現「我都做到這種程度了（這裡先不討論她的行為是對是錯），爸媽也沒放棄我」才鬆了一口氣，並對父母產生信賴感。

同理和坦然接受的意思就是，即便孩子正在生氣、抓狂，也意識到「現在，這個孩子需要生氣、抓狂一下」，並去感受它。另外，不用說也知道，當孩子的暴力舉動或問題行為危及到生命安全時，就應該優先採取正確的應對措施。

雖說抓狂是比較極端的例子，但是，當孩子說出「當時真的很不爽」的時候，就是希望父母也能感同身受，因此，重點就在於站在孩子的立場上，去感受「那真的會讓人很不爽」。可以的話，也請去感受一下隱藏在憤怒背後的真實心聲。

「只要站在孩子的立場，父母也能輕鬆改變自己。」

每個父母發現自己有所改變後，都會說這句話。在過去，他們為了消除自己的焦慮，只會對孩子說「快點振作、快點獨立、快去工作」，但自從自己和孩子產生共感後，就發現自己真的變了。父母能夠與孩子產生共感的話，孩子的心就會感到滿足，而親子關係也會隨之改善。

雖說如此，父母與子女的關係也不是那麼容易改變的。因為，父母除了要走自己造好的人生道路之外，還要再造一條名為「親子」的道路，並同時走在這兩條道路上。因此我認為，父母們不必把當個「好父母」當成目標，他們只需多花點時間，努力當個「理解孩子的父母」就行了。

*

實例 4 嚴格的父親說了一句「妳也很辛苦」，就讓H小姐脫離繭居狀態，找回生存的動力。

【子女】H小姐：三十歲出頭　繭居

【父母】父親：六十歲出頭　母親：五十多歲

【家庭環境與事發經過】

H家是由H小姐和她的妹妹、雙親所組成的四人家庭。這個家的父親曾在國外工作多年，是世人眼中的超級上班族。由於他的上司大多都是對工作要求嚴格的人，所以他似乎是一直以來都在忍耐。正因為如此，他總是把「人要懂得忍耐」掛在嘴邊，開口閉口都是自己有多辛苦。他對家人也很嚴格，因此非常不受家人歡迎。

當然，父親對身為長女的H小姐也很嚴格，只要看到H小姐考試考差，就會嚴厲地斥責：「分數怎麼這麼低！」「妳不是我的女兒嗎！」不僅如此，他也不懂得誇獎，只會講一些瞧不起人的話，好比「妳是個笨蛋」。

儘管如此，H小姐還是順利念完大學，並找到一份工作。然而，父親並不喜歡她的工作。一下班回家，就會拿這件事來責備H小姐。於是，H小姐變得越來越常請假，最後就不願出門了。

而這件事也使得父親的辱罵行為變本加厲。

「人要懂得忍耐，妳就是忍耐度不足。」

「都念到大學畢業了，卻不去工作，那妳還想幹嘛？說說看啊！」

「沒在工作還這麼能吃。」

還有，一到早上，只要發現H小姐還在睡，他就會抓著H小姐的衣領叫她起床。

「天都亮了，快起床！拿出妳的鬥志！」

面對這樣的父親，H小姐也無法反抗。

H小姐的母親雖然反對丈夫的作風，卻也不見他改變自己的言行，因此往往以夫妻吵架收場。而這也是導致H小姐情況惡化的原因之一。

【透過傾聽、同理來恢復的過程】

母親為了幫助女兒，於是找上當地一位提供家庭治療的治療師。剛開始只有母親自己接受諮商，後來父親退休後也開始參與家庭治療。

只不過，這位父親老是在講自己的事，而不是女兒的事。而且，他還主張自己的教育方針是正確的，他表示：「女兒會變成這樣，都是被她媽寵出來的。」

於是，那位治療師提議：「你們之後可以定期來找我嗎？」父親雖無意繼續回診，但還是被妻子說服，開始定期接受面談。

治療師對H小姐的父親在撫養孩子方面所做的所有努力表達了感謝之意，以及感謝在他這個年齡還願意面對子女的繭居問題。或許是因為被稱讚的關係，在接下來的幾次面談中，這位父親都有乖乖出席。後來，父親開始懂得體諒H小姐的心情了。治療師注意到這件事之後，便對他說：「您變了呢。」而父親聽到這句話也很開心。據說自那之後，他就再也沒有在家大聲罵人了。

某一天，父親小聲地對著窩在家的H小姐說了一句：「妳也是挺辛苦的。」據說那一刻讓H小姐感到無比開心，因為父親終於理解H小姐的痛苦了。不過，H小姐無法坦然地將這份喜悅告訴父親。她長年無法將自己的心情傳達給父母，也難怪她會說不出口。後來，H小姐的這份心情透過母親和治療師，傳到了父親的耳中。

於是，父親出現了更明顯的變化。他不但會聆聽H小姐說話，還會真心替H小姐感到擔心。正確來說應該是「本來就是真的擔心」，只是現在學會了更「恰當」的關心方式而已。

隨著父女間的緊張關係消失，H小姐看待世界的眼光也變得更寬廣了。她開始自願接受輔導，並努力學習如何坦然地將自己的想法告訴父母。

後來，H小姐恢復良好，去打工也不是問題。如今，她已經搬出去獨立生活了。聽說她還是會定期接受輔導，而且都是由父親開車去載H小姐，然後兩人一起去找治療師。

*

治療師對H小姐的父親做的第一件事是慰勞他的辛勞，而不是否定他的育兒方式。聽說，治療師也告訴H小姐的父親：「請接受你女兒現在的樣子。」雖然H小姐當時沒有工作，在家也不見得會幫父母的忙，但還是希望他能接受這樣的女兒。

這對父親來說應該非常困難。他總是在想「你到底在幹什麼！」「實在太散漫了！這怎麼會是我的女兒！」而且哪天激動起來，也難保不會再破口大罵。

但是父親接受了H小姐的現狀後，便慢慢了解到女兒其實很痛苦。我想，這就是為何他能真誠、坦率地說出「妳也是挺辛苦的」之原因。

那些跟H小姐一樣煎熬的人，都有細膩且敏感的心思，因此H小姐看得出父親是發自肺腑說了那句話。對H小姐來說，最令她欣慰的就是，父親不但為了親近女兒而接受訓練，還貫徹了所學之事。

像H小姐這種從小到大都不敢將內心感受告訴父母的人，只要聽到有人對自己說「辛苦你了」、「你做得很棒」、「你真的忍耐很久了」，就會非常開心。因為他們可說是完全沒有被父母這樣誇獎過（至少當事人是這麼認為）。我想，H小姐其實很希望父親能理解自己有多痛苦，所以當她如願以償聽到父親說出那些話時，才會如此開心。

若H小姐能夠直接表達自己的心情，父親也會感到開心。等父親抓到「這麼做能讓女兒開心」的訣竅後，雙方的關係自然會越來越好。

不要使用貶低對方的話語。找出對方的優點並予以讚美。

聽說治療師在輔導H小姐的父親時，曾不斷建議他「改變對女兒的說話方式和用字遣詞」。

以前，父親非常希望孩子能早點自立自強，所以常常大罵：「振作起來！」「你太鬆懈了！」「做這種事有什麼用！」

父母或許會覺得，自己只是想對孩子精神喊話而已，但一直破口大罵，只會把孩子逼到走投無路。

有一次，治療師說：「在這個時代講那種話可是虐待喔，會被警察抓走喔。」父親聽完只笑了兩聲。因為，他自己毫無自覺，從早到晚都在罵H小姐。

像這種人通常有一個共通點，那就是經常用貶低人或瞧不起人的話來教訓自己的子女，而且幾乎不會講尊重人或讚美人的話。

我認為，H小姐的父親一直以來都在努力糾正他的女兒，指出她身上所有的問題。而不可否認的是，有些孩子會在讚美中茁壯，有些在責備中成長。沒有人知道養育孩子的最佳方式是什麼，父母們都會他們自認為最好的方式，來教育自己可愛的孩子。

但是，當斯巴達式的責備教育方針行不通時，就要考慮新的方針，如「睜一隻眼，閉一隻眼」，而不是繼續貫徹自己的初志，不懂得變通。就算斯巴達教育對老大奏效，也不代表它適用於老二。因為，兄弟姊妹的個性本來就會不一樣。

尤其那些比較敏感、不善於自我肯定的孩子，更需要父母來找出他們的優點並給予認同，無論多小的事都可以。這樣一來，孩子就會產生自信，在不知不覺間改掉自己的缺點。

人在學習、熟悉工作時也是如此。在剛開始的階段，缺乏自信的人，最好盡量少關注自己的弱點，同時盡量發展自己的優勢。這樣就可以在運用優勢技能的過程中提升自信，而且還不用經歷一些沒必要的「弱點所帶來的挫敗」。等到有自信後，就有辦法冷靜面對自己的缺點了。

第 2 章

先去了解孩子的艱辛之處

據說，現代培訓運動員的方式，也是先讚美孩子的優點，而不是指出他們的缺點。然後，大人會先讓孩子們感受該運動帶來的快樂與樂趣，並以提升長處為優先考量。接下來就可以依照個人的資質與適性來決定未來的道路，讓他們認真朝著那個方向前進，並為他們指出缺點、提供修正方法。

雖說有一些一開始就接受矯正的人，最後也成了頂尖運動員，但那畢竟是少數。在不了解個人特質的情況下採用劃一的教育，反而會帶來「阻礙才能發展」的缺點，而且是弊大於利。

行為科學指出，若父母只懂得指出孩子的缺點，就會使孩子養成先發制人的習慣，以免自己被罵，而且還有高機率得到強迫症，出現潔癖、過度確認（不斷檢查門鎖、瓦斯開關等）之類的問題。其他報告也指出，若父母不誇獎孩子，那麼孩子就會時時在意他人的看法、在人前感到緊張、不敢在人前表現自我，還有高機率得到缺乏自信引起的疾病，如社交恐懼症。許多社交恐懼症患者的父母，都會驕傲地說自己從不妥協，希望孩子登上最高峰，因此從來沒有讚美過孩子。但是這對敏感的孩子來說，就跟「不管我做再好，也只會換來無限的指責」沒兩樣。想必孩子的內心一定很痛苦。

H小姐的父親在剛開始接受面談時，治療師曾對他說：「請找出女兒的優點，並誇獎她。」對此，父親回：「那傢伙哪有什麼優點可以誇的。」

但是，**只要看看孩子走過的路，那麼總有一些東西是值得尊重的。如果父母認為沒有什麼可讚美的，那可能是因為父母沒有看到孩子的優點，或是因為父母把自己的理想強加在孩子身上。**

家人最重要的功能，就是互相接受彼此的優缺點。雖說優點也會獲得外人的讚美，但是，正因為家人知道並接納了彼此難以啟齒的缺點，所以「家人」才會變成那麼特別的存在。

其實，H小姐的父親也沒有被人誇獎過。以前還在上班時，總是被上司批評、指責，從來都沒被讚美過。他或許覺得，自己能這樣一路熬過來很了不起吧。也許就是因為這樣，才使他不懂得去讚美他人，就連對自己的子女也不例外。

考慮到這一點，我認為，治療師的「先對他養育子女的辛勞致敬，並感謝他特地為了女兒前來面談」做法，真的具有相當大的意義。父親聽到治療師對自己展露敬意後，開始有了自信，因此罵女兒的次數也逐漸減少。聽說，現在的他已經完全不罵人了。

專欄

有助於育兒的「對『不確定感』的忍耐力」

大家有沒有聽過「對不確定感的容忍度」呢？這通常是指「消極感受力」或「承受不確定狀態的能力」，而這也是現代心理健康領域最重視的概念。

此概念所追求的就是，面對問題時，不要急著下結論，即使感到焦慮不安，也不要浮躁，然後試著忍受這個「沒有答案」的狀態。這也就是說，即使對看不見的未來感到不安、擔憂，也別急著尋找最佳解答，總之先冷靜下來，忍受這個看不見未來的狀態。換言之，這種忍受力就是心靈的耐力。

據說，很多工作迅速、工作能力強的人，即便處在尚未確定的狀態中，也會盡可能地去尋找最佳解答。

的確，一個人如果總是在不確定的情況下推脫，而不去確認答案，那他確實稱不上是好的工作人。

第 2 章

先去了解孩子的艱辛之處

在現今社會的觀點中，無論在工作或唸書考試方面，只要「卡住」就是不好。人人都想鍛鍊盡快找出答案的能力，因為這樣才能在社會上獲得較好的評價。

也許這就是為什麼，即使在沒有正確答案的情況下，那些無法忍受未知、未定狀態的人，還是會堅持要找到答案。

但是，如果每次都在沒有正確答案的狀態下勉強找出一個答案，那只會換來一堆錯誤解答，反覆遭遇挫折，耗盡自己的精力。

在這種情況下，重要的不是要強求黑白分明，而是要接受灰色，提升自己對這種不舒服、不確定狀態的容忍度。

這個道理也適用於撫育子女。

當孩子不順從父母時，有些父母便無法忍受這份焦慮，想要立刻解決這個問題。如果是堅強一點的父母遇到這種情況，就會想到「這種事在所難免」，於是就能姑且先接受這個令人焦慮的情況。然而，那些不願意面對焦慮的父母，就無法忍受這種令人不舒服的情況了。

「不要做傻事。」

「你要聽爸媽的話。」

「不要跟那種人交往。」

那些父母就像這樣，說一些容易對自己孩子說出口的意見或建議，以便優先緩解自己在這種不確定性狀態下產生的不安，根本沒有考慮到孩子的想法與感受。

在教育子女這一塊，若父母想要培養對「不確定性」的忍耐力，那就要耐住性子，靜靜地把子女的話聽完。不管在無法掌握未來的情況下有多焦慮，也別為了快點解脫，而嘗試用一些沒根據的推測來解決問題。

此時，因為對方只是個孩子，所以肯定會講一些傻話吧。也許父母聽著聽著，火氣就上來了。但是，就連大人都會亂講話了，更何況是個孩子，因此，此時乾脆就好好地聽孩子說完。只要能做到這樣的「傾聽」，那麼不久之後，肯定可以和孩子產生「同理」。

父母在聆聽孩子說話的同時，可能還需要面對自己心中的不安，因此會非常痛苦。這種因不確定性而產生的痛苦感受，其實就是一種原始情緒。因此，若能好好面對它，就會慢慢習慣（產生忍受不確定性的能力），自己也會有所改變，然後漸漸地，就能坦然接納孩子的真實想法了。最終，這將有助於重建親子間的良好關係。

父母不應該為了迴避自己在不確定情況下產生的焦慮，而急於下結論。當孩子遇到困難時，不管是什麼原因，父母都應該優先考慮到，孩子正在向父母尋求無條件的同理。

我認為，父母不必為了孩子而犧牲、改變自己，父母們只要有「為了自己好而改變」的意識就行了。如此一來，父母和孩子都會成長。

第 3 章

貼近孩子的心
「傾聽・同理」的做法

實例5 母親的耐心傾聽與親手煮的湯，成為A小姐克服衝動購物症和厭食症的契機。

【子女】 A小姐：四十多歲　厭食症、購物成癮

【父母】 父親：七十多歲　母親：七十多歲

【家庭環境與事發經過】

A小姐是三個子女中的老么。他們家代代都很富裕。

A小姐的父親很愛生氣。A小姐從小就常看到父親在用餐時打母親，害她總是戰戰兢兢的吃著飯。因此，A小姐非常討厭用餐時間。

A小姐不只討厭父親，也討厭對父親百依百順的母親。她一點都不想和他們待在一起。

A小姐自幼稚園起就開始上補習班，然後，從小學到高中都念同一所知名的一貫教育私立女校。小學時，她過得很正常，但是上國中後，就因為家庭失和與跟不

上學校進度的關係，而得了厭食症。

不過，等到她念完高中，考進外公、外婆家那邊（關西）的大學後，厭食症就好了。後來，她還體驗了留學、就業、結婚和離婚。

在那段期間，A小姐出現了酒精成癮等問題，但她的父親根本不關心她的健康狀況。即便母親找父親商量A小姐的事，父親也不想談，只會說「是妳把孩子教成這樣的」。

聽說，母親也曾去找過當精神科醫師的親戚，但對方說：「A不是生病。她這是人格異常，所以我們也束手無策。」

父親雖然願意提供經濟上的支援，卻不接受A小姐搬回家同住。他說：「結過婚就不許回來。」因此，A小姐只好在父親名下的公寓內過著獨居生活。

過了四十五歲之後，A小姐常抱怨身體倦怠、喉嚨發麻等等，於是她開始看精神科。此時，她的購物成癮症也變得越來越嚴重了。由於家境富裕的關係，她從大學時代起就很愛買東西，但此時的她，已經惡化到每個月都要花幾十萬日圓的程度了（請參考第176頁的專欄）。

在她住的公寓裡，到處都是從銀座的精品店裡購入的高檔名牌貨，那些根本沒開封過的盒子、袋子就這樣堆滿整個家，甚至延續到玄關，讓整個房子活像一間垃圾屋。她明明不想要某個東西，卻還是會忍不住買下去，導致她陷入「擁有好幾個相同包包」的狀態。

此外，追星也是A小姐的興趣之一。她嘴上說「不想動腦」、「懶得動」、「白天也睏得要命」，但是，只要她的偶像開演唱會，再遠她都去。

這樣的狀態使A小姐過著不規律的生活，導致她失去食慾，體重下滑。同時，憂鬱症加重也讓她變得更加倦怠。連她的母親也看不見未來，說：「我也累了。」

【透過傾聽、同理來恢復的過程】

後來，母親從新的主治醫師那裡得知了「家庭治療」的存在，於是，她開始接受指導，並立即對A小姐執行「傾聽和同理」。

剛開始，母親去公寓找A小姐時，A小姐都叫她「不要來」、「出去」，甚至連門都不肯開，直接把母親趕回家。儘管如此，母親還是不厭其煩地來公寓找她，後來，A小姐終於肯讓母親進門了。

然後，母親便依照治療師的指導，一直聽A小姐說話。經過幾次之後，A小姐也開始出現變化了。她發覺母親都有認真聽自己說話，於是她對母親坦白：「家裡太多東西了，很困擾。」

母親則回答：「不然，我們一起從玄關開始整理吧。」然後，兩人就開始整理起房裡的雜物了。

「我覺得心情好多了。」

「我想去吃頓飯，好久沒這種感覺了。」

A小姐在日後告訴治療師，當時，儘管她的狀況時好時壞，母親也不曾責怪她浪費，而且還願意陪她一起感受當下的情緒，因此使她的病況出現了轉機。

後來某天，母親煮了一些湯帶去給A小姐喝。A小姐喝到湯後，便脫口說出「媽媽煮的湯好好喝」，還說喃喃地說：「要是我身體好一點，就可以再多喝一點了。」

母親非常在意A小姐的這番話，便找治療師商量此事。於是治療師建議她：

「不妨試著更頻繁地煮湯給她喝吧。」

而母親也聽從治療師的建議，又煮了一些料多美味的湯送去給A小姐喝。雖然不知道A小姐究竟喝了多少，但似乎是有在喝，於是，母親也更加頻繁地送湯。從本來的每週一次，提升到每天送湯。

此時，父親的態度也開始改變了。令他改變的契機是一場手術。某次，A小姐為了好好治療厭食症而住院接受檢查、治療。經檢查後發現，她還有高風險的血管疾病，若放著不管可能會有生命危險，因此必須立刻動手術。

待A小姐動完手術，稍微恢復一點之後，父親便和母親一起到院探望她。其實在決定動手術後，父親曾拒絕到院探望女兒。「不需要我去」、「我不可能去」。但是，母親將A小姐的現況和家庭治療的事情告訴父親後，父親的態度就軟化了。儘管有些不情願，最後還是去醫院探病了。

而A小姐見到父親來探望自己，也驚訝的說：「您來看我了!?」並向父親道謝。那一天，他們還一起討論了A小姐出院後的事。

畢竟A小姐才剛開完刀，總不可能讓她出院後還一個人住外面，因此父親也同意讓A小姐搬回家住了。

A小姐雖然一直都很抗拒搬回家住，但這次，她也決定坦然接受。由於母親接納了A小姐，父親也變得更加圓滑，因此毫無疑問的，A小姐本身也跟以前不一樣了。

距離上次在老家生活，已時隔二十幾年。A小姐回到老家後，也可以好好地吃下三餐了。以前A小姐睡不著，都靠服用大量藥物來幫助入睡，但搬回家後，就算沒有藥物的幫助，她也能在九點就寢。另外，她追星、看演唱會的慾望也不像以前那麼強烈。

然後，她的購物慾也獲得控制，使花費下降到每個月只花數萬日圓的程度。如今的A小姐會說：「跟家人一起吃飯最開心了。」

*

這個案例再次告訴我們「父母應拿出耐心聽孩子說話」的重要性。起初，母親去公寓探望A小姐時，總是吃閉門羹，但母親展現了誠意，不斷去找她，這才讓A小姐打開了大門。然後，母親在玄關聽A小姐說話時，也沒有漏聽A小姐覺得房間很亂、很困擾的心聲。

後來，母親又聽到女兒喃喃自語說：「想喝媽媽煮的湯」，所以才能參考治療師的建議，繼續為她送湯，幫她對抗厭食症。

父母可以透過傾聽和同理，從孩子不經意講出來的話中得知孩子的感受，然後再逐一解決問題。我想，A小姐的個案就是最好的例子。

他們的治療師說，他在深入詢問後發現，A小姐的母親其實也是在極度壓抑的親子關係下成長的。因此，母親在接觸家庭治療前，她的臉就像一張面具一樣，幾乎都沒有笑容，甚至曾有精神科醫師告訴她：「妳可能有發展障礙。」然而，當她了解女兒的想法後，她自己的感受也隨之活化，因此，她的臉上多了溫柔的笑容，平常的表情也變得柔和許多。

不只要用「耳朵」聽，還要用「心」聽

第 3 章

貼近孩子的心
「傾聽・同理」的做法

傾聽、同理的重點在於先聽聽孩子怎麼說（請參考第93頁的圖）。而這也是唯一的重點。母親往往是第一個對這種方法感興趣的人，但當然，除了母親之外，我也希望父親能多多鍛鍊傾聽的能力。

假如孩子的心理問題不太嚴重的話，那麼，父母光是展現願意聽孩子說話的態度，就能讓孩子感受到「爸媽願意聽我說話」，孩子也許還會比預期中更好溝通呢。

相反的，當親子關係嚴重扭曲，孩子完全不信任父母時，乾脆就用「試探行為」來挽救，尤其，這對經濟方面的問題行為特別有效。一開始先有計劃地被孩子牽著鼻子走，換句話說就是在可接受的範圍內，讓孩子想做什麼，就做什麼。這種策略可以有效地扭轉局面（只是，這種方式需要運用很高明的技巧，如果僅由家人執行就太危險了，因此實施前，一定要先和經驗豐富的專家商量過）。

孩子非常清楚父母擔心什麼、討厭什麼，因此他們會試圖測試父母。譬如，父母讓孩子盡情購物後，以為這樣孩子就滿足了，結果沒過幾天，孩子又說想跟小混混般的男人交往。這個階段真的會令父母非常不安。此時若把「你給我適可而止！」罵出口，孩子就會說：「看吧！果然只是嘴上講講而已，露出狐狸尾巴了吧。」然後一切就回到原點了。

此時只要繼續忍耐並接受孩子，孩子就會明白「不管自己做了什麼，父母都會接納我」，並對父母產生信賴感。接下來，孩子就會豁出去，開始揭露自己的痛苦、焦慮和怒氣，把過去的種種不滿通通講出來。

長年閉門不出的孩子特別容易像這樣，讓自己想法和情緒像淤泥般沉積在心底。當孩子把這些心聲吐乾淨後，心裡自然會舒暢許多，進而產生「不可以再這樣下去」、「必須回歸社會」的想法。

不過，正因為孩子是在發洩累積已久的怨氣，所以越是受傷的孩子，越容易對父母惡言相向，或講出尖酸刻薄的內容。有時，孩子也會批評或咒罵父母，因此，這對父母來說簡直是地獄，相當難熬。

正因為如此，最好能視情況尋求他人或治療師等專家的協助。這樣或許就會好一點。另外，家人間互相扶持、分享心情，或是在家屬交流會上與其他家庭分享經驗，也能有效地幫助父母熬過那段時期。

我知道父母會非常痛苦，但是，不管受到多少批評，也不要反駁或打斷孩子說話。把孩子的話「聽完」才是重點。

「請父母用心聽孩子說話，而不是用耳朵聽。」

「聽這個字裡有個『心』，對吧？所以才說要用心聽。」

這是某位治療師常講的話。

在第一章所介紹的S先生的案例中，指導他們實施家庭治療的治療師，是這樣對S先生的雙親說的：

「請你什麼都別說。」

「請你接受兒子所說的話。」

大多數的父母聽到這種建議，都會不服氣地問：「為什麼父母必須閉嘴？」但是，S先生的父母忠實地依照治療師的指示去做了。據說，正是因為父母靜靜聆聽S先生說話，才讓S先生感受到「我可以說自己想說的、做自己想做的」。

此外，以往，他的父親就跟其他許多父親一樣，喜歡用貶低、批評的話語來教訓兒子，例如：「為什麼還在玩！」「明明連工作都沒有，還那麼趾高氣昂。」但是，這位父親自從聽取了治療師的建議後，就不再這麼做了。

過去，S先生一直覺得自己被父母放棄了，一心想尋死。然而，當他看到父母全心全意接納自己之後，心境也變成「原來他們沒有放棄我」了。同時，他也確切感受到「爸媽是真的非常擔心我」。

雖然我建議父母們好好聆聽孩子說話，但如果父母們把一連串的挑釁都聽進心裡，那終究會越聽越難受，彷彿胃破了一個洞。因此，父母們必須把眼光放在大局上，要知道這是讓孩子說出心聲的戰略，並換個方式想：「總之，現在先讓孩子把他想說的都說完。這才是重點。」

孩子會以「五感」來關注父母的一舉一動

我必須重申，那些陷入心靈泥沼的孩子，往往都有非常細膩的心思。甚至可說，他們的敏感程度遠超過父母的想像。

每當我問這樣的孩子：「你覺得父母是『粗線條』的人嗎？」大部分的孩子都會笑著點點頭說：「父母跟我的『解析度』差太多了，我們看到的世界根本不一樣。」因為這些孩子心思細膩，所以會先一步準備好取悅父母，而這也導致他們一直在顧慮父母的感受，完全不敢抱怨。所以說，父母在傾聽時，一定要「認真」地聽。

治療師通常會建議父母，在剛開始還不習慣聆聽的時候，可以從「溫柔地講出『啊，原來是這樣啊～』」開始練習。這件事看似任何人都能輕鬆辦到，但如果是聆聽孩子說話，真正了解孩子的感受後，才說出「啊，原來是這樣啊～」，那可就沒那麼簡單了。

根據我的經驗，當不擅長傾聽的父母花太多時間，或做不到時，往往只會產生表面上的同理，而且還在這種狀態下說出「啊，這樣啊」。這樣只會激怒孩子而已。因為，心思細膩的孩子一眼就能看穿父母沒誠意的「喔，是喔」。

說得更難聽一點，有些孩子的狀況之所以遲遲不見起色，有可能就是因為父母以前從來沒有真正關心過孩子。孩子將來想走哪條路？心中究竟有何期許？——如果父母之前從未聽過這些，甚至是根本不關心這些，那麼之後真的要聆聽孩子說話時，就會變得非常辛苦。

在某些情況下，孩子甚至會在父母傾聽時抓狂。但，這也是因為父母沒有「認真」聽孩子說話所造成的局面。

因為「講了也不懂」，所以用字遣詞變得更粗暴。如果這樣還不懂的話，就採取更激烈的行為。孩子之所以會這樣，並不是因為他自己想抓狂，而是因為他沒有其他選擇。原始情感沒有得到滿足的孩子，就是如此的笨拙。

如果孩子打從心底感到絕望，就會迷失自我，連抵抗都不想抵抗。等到徹底絕望時，甚至有可能走上絕路。在這個階段，孩子的心思會變得更複雜、更扭曲，如此一來，父母就得花更多的時間、精力，甚至是金錢來幫助孩子復原。

所以說，若孩子出現較為極端的言行，就代表他還有力氣掙扎，還有機會振作起來。因此，父母應該要做好覺悟，把握最後機會，貫徹「傾聽」，而不是繼續推開孩子，把孩子逼到用盡燃料。

孩子講話時，父母得去體會孩子的心情。當孩子說出「當時真的很難過」時，父母也要試著站在孩子的立場感受那件事。這就叫「同理」。

孩子總是用「五感」在觀察父母的一舉一動。假如父母沒有由衷產生同理的話，那麼就算嘴上說「啊，是嗎」，也無法讓孩子感受到「父母接納自己了」。父母也該全心全意地傾聽、理解孩子。這是非常重要的一件事。不熟練的人可能會嘴上說著「辛苦你了」，心裡卻想「沒這回事吧」，但，這樣子是無法讓孩子重新振作的。

父母應試著用心理解孩子，而不是去否定孩子。當父母用這樣的態度去接觸孩子時，就能讓孩子感受到「父母終於願意聽我說話了」、「爸媽終於明白我的心情了」。

與「傾聽、同理」有關的五個重點

那麼，執行「傾聽、同理」時，究竟需要注意哪些重點呢？就讓我來為大家做具體說明吧。

重點❶ 孩子在講話時，不要「反駁」、「打斷」、「建議」或「評論」他

父母在聆聽心生了病的孩子說話時，切記不可「反駁」、「打斷」或「建議」他。

父母出言反駁或打斷孩子時，孩子就會覺得「爸媽果然還是聽不進我說的話」或「他們不願意接受我吧」，然後就開始抓狂，或是乾脆不說了。

「建議」也一樣。除非孩子主動問父母「你覺得呢？」「該怎麼做才好？」，

否則就不要擅自提出意見。尤其是剛開始嘗試傾聽時，更需要注意這一點。

同樣的，妄加解釋或評論孩子所說的話，也是不可取的行為。「他應該是指這個意思吧。」像這樣亂解釋的話，可能會曲解原意，也可能害孩子更有壓力，因為孩子想表達的並不是那個意思。

總之，在聽心生了病的孩子說話時，就讓他們把話說完。父母只要聽到底就行了。這樣做，才能讓孩子把堆積在心底的話通通吐出來，換取更多的喘息空間。

由於孩子會盡情地講出他的想法，所以父母或多或少會覺得自己受到批評了。在這種狀態下還得努力聆聽，肯定會不好受，但此時還請各位繼續忍耐，因為「讓孩子說完」才是重點。當孩子把話說完時，就會覺得父母接納自己了。

另一種常見的狀況是，父母雖有意傾聽，孩子卻毫無反應，於是，父母便敵不過沉默和焦慮，不小心說出多餘的話。這就像「在氣氛炒不起來的相親中，因為不小心說錯話而以失敗收場」一樣。孩子長年壓抑自己的情緒，累積了一堆壓力，所以需要一些時間習慣，才有辦法吐露心聲。另外，孩子也有可能只是還沒下定決心而已，所以耐心等待他們開口乃是必要的。即便沉默令人尷尬難耐，父母也要好好接受這一切。

只要想一想就會發現，親子靜靜地面對彼此，其實是很普通的一件事。換個角度來看，就算孩子保持沉默，也比躲進自己的房間來得好，光是願意和父母待在同一個空間內就很有意義了。因此，就算沉默的時間再怎麼難耐，也無須太過悲觀。面對「不確定感帶來的痛苦」（請參考第122頁的專欄）也是很有意義的一環，還望各位重視這個過程。

重點❷

附和時只能說「喔～」「啊～」「嗯嗯」

雖說最好的做法是安靜聆聽，但是在剛開始還不習慣的時候，要求自己閉上嘴、不得說半句話，其實是很痛苦的。當你聽到孩子說出一些你不認同的話時，你可能會想要跟他爭論。而且，偶爾也會遇到聽不懂孩子講什麼的情況。

第 3 章

貼近孩子的心
「傾聽．同理」的做法

像這種時候，父母只需做出「喔～」「啊～」「嗯嗯」這三種反應即可。說得更準確一點應該是：除了這三種反應之外，什麼都別說。

附和的時候也不是動動嘴就行了。若不是理解後發自內心的附和，就會被孩子看穿，然後得到反效果。先確實接受孩子所說的話，再拿出真心來回應孩子吧。

我三十幾歲在英國留學時，也曾因為父親傷了我的心而對他發怒。以下就是我個人的難為情體驗。我在當地的實驗室待了一年左右後，曾透過Skype（免費線上通話）和人在日本的父母通話。

當時，我已經在英國生活一年了。雖然天天都在實驗室裡講英文，但還是聽太不懂愛爾蘭口音極重的教授在講什麼，因此吃了不少苦頭。我在赴英前有好好地學英文，TOEFL成績也不錯，已經跟一流的MBA差不多高了。

但是，過去在學校裡聽慣了美式英語的我，對英式英語一點也不熟悉，更別說是當地人操著濃厚口音講出來的日常會話了。這就跟「一個學習標準日語的留學生，無法理解講得飛快的方言」一樣。

Skype接通後，我的父親問我：「過得還好嗎？英文是不是變得很流利啦？」軟弱的我忍不住抱怨道：「沒有耶。來這裡都快一年了，還是聽不懂教授講的英文啦。」想不到，父親居然馬上這樣回我：

「那你到底是為了什麼才去留學的？」

聽到這句話的瞬間，我的火氣都上來了，然後我就切斷通話了（笑）。

假如那個時候，父親能先說「這樣啊」、「那還真是辛苦啊」、「英文果然不簡單啊」之類的話來認同我、體諒我，然後再對我說：「可是再這樣下去，留學就學不到東西了。有什麼好方法可以解決嗎？」那麼，我也會覺得「確實如此」，然後就能接受父親的想法了。

人在展現軟弱的一面時，若突然遭受批評或批判的話，就會放大「已經很努力卻得不到回報，還要被逼著跑」所帶來的辛酸與悲哀，甚至對對方產生反感。

我跟父親的感情不錯，所以我日後也笑著跟父親解釋：「怎麼可能完全不懂。」如果親子間有這樣的關係，那自然可以笑笑帶過，但如果是自幼就不斷遭遇那種狀況，卻連生氣都辦不到的孩子，就有可能會因為承受不了而崩潰，然後開始壓抑自己的真實感受，最後得到心病、產生問題行為。

曾有一位四十多歲的女性，在慢慢擺脫繭居生活的過程中，想對父母表達一下感謝之意。於是，她訂了高級餐廳，打算趁父親生日那天，用自己存下來的零用錢招待父母吃頓高級的晚餐。她的父母都學過家庭療法，彼此的關係也改善了不少。那天，她爸媽也是一邊用餐，一邊聆聽女兒吐露心聲。

然而吃到一半時，父親脫口說出一句：「明明沒有工作，還選這麼貴的餐廳浪費錢。」於是就激怒女兒了。她大吼：「你為什麼要這樣說話！」最後鬧得不可開交，還波及到餐廳。

她的父親大概是希望，既然要請客，那就快點獨立，用自己賺的錢來請客。

雖然可以理解這位父親的心情，但是，說出「明明沒有工作」這句話，就只是在優先發洩自己的不滿和壓力而已。這可說是毫不在乎子女感受的發言。這不是試著「傾聽、同理」的態度。而且，這位父親以前也說過同樣的話，這就更容易讓人胡思亂想了，也難怪女兒會覺得「父親真的改變了嗎？」

所幸，這件事最後在父親道歉後順利落幕。但這也告訴我們，孩子在恢復的過程中是非常敏感的，因此，父母在用字遣詞上必須多加留意。

重點❸ 當孩子說「但是」、「不過」時，父母就要閉上嘴，聽他怎麼說

不爭論、不亂給意見，專心聽孩子說話一段時日後，若孩子的反應或態度出現了變化，就可以開始講「喔～」「啊～」「嗯嗯」以外的話。只是，父母必須注意講話的時機。

各位知道對話中也有「紅綠燈」嗎？其實，對話就跟過馬路一樣，若無視燈號指示，闖了紅燈，就有可能引發重大事故。

那麼，什麼時候才會亮起令人安心、保證安全的「對話中的綠燈」呢？

那就是對方的心已經準備好要聽你講話、發表意見的時候。這也就是說，要等對方表示「你可以過馬路了」，綠燈才會亮。

而對話中的紅燈亮起時，就代表雙方的心沒有交集。這種時候，不管說了再好

圖7 如何分辨對話中的紅綠燈

什麼是 But
紅燈
「話是這樣說沒錯啦，可是……」
「雖然你這麼說，但……」
「……（沉默）」
什麼是 Yes
綠燈
「嗯！就是說嘛！」
「對，我就是這個意思。」

孩子聽你說完話後，若說出與「But」有關的句子，那就代表溝通亮起紅燈了。若孩子說出與「Yes」有關的句子，那麼綠燈就亮了。這意味著，他已經準備好聆聽對方說話了。

的意見也傳不進對方心裡。對方不只會埋怨「這個人完全不聽我說話」，還會以為「這個人不想聽我的感受（＝生存本能的否定，這也是一種原始情緒）」，然後變得非常不開心。在某些情況下，甚至會把對方逼出心病。

換句話說，如果想讓自己的意見順利地傳進對方心裡，那就得先讓對方的耳朵切換到聆聽模式，也就是綠燈狀態。

那麼，如何分辨對方的耳朵是亮紅燈，還是亮綠燈呢？你可以在自己說完話後，從對方的反應中找到一些線索。

「話是這樣說沒錯啦，可是⋯⋯」

「雖然你這麼說，但⋯⋯」

「⋯⋯（沉默）」

如果對方回覆了與Ｂｕｔ（但是）有關的訊息，就代表目前還是紅燈。因為彼此的心還沒連結在一起，所以孩子還沒準備好聽父母說話。對方的「Ｂｕｔ」暗示著「我還有話要說」、「輪到我講了，我還沒講完呢」，而這也代表著，自己的同理或建議方式不夠好。

「嗯！就是說嘛！」

「對，我就是這個意思。」

假如對方的答覆是這些跟「Yes」有關的句子，就表示是綠燈，也就是說，兩人之間已經有共鳴，所以對方已經準備好聽你說話了。

此時，孩子已經說出一些心聲，心裡舒暢不少了，因此也願意聽聽父母的說法。就算說了稍微不一樣的看法，孩子也會聽進去吧。

所以說，父母應該趁孩子說出「But」的時候，讓他盡情地發表自己的想法。在「Yes」出現之前，父母就別多說話。對此，父母可以多加練習。通常在剛開始的幾天，甚至是幾個禮拜，都不容易出現「Yes」。

換句話說，如果父母想讓孩子聽他們講話、聽他們的意見，就得先讓孩子的心保持在綠燈狀態。而達到此目標的前提就是，先拿出耐心聽孩子說話，然後產生同理，對他們說「真是辛苦你了」、「你應該很擔心才對」、「那真的很痛苦吧」。

不過，這邊所說的「同理」並不是指「全都贊同」。心中有解不開的結人，很容易產生扭曲的思考方式。有時候，孩子的痛苦和焦慮正是源自那種思考方式，如此一來就會說出錯誤的事。

另外，同理雖重要，但也別在剛開始聽對方說話時，就急著表示自己有同感。

「知道了、知道了。」

「啊——對、對。」

「嗯，沒錯啊。」

孩子聽到這些話後的感受是：「父母想要快點結束對話。」這樣很容易讓孩子覺得，話才講一半就被打斷了。因此父母必須多加注意。

有時候，在無意識下發出這樣的信號，也會使周圍的人感到不愉快，因此，我們也能問問伴侶或朋友，看看自己做出反應的時機究竟適不適當。

重點❹

無法交談時，不妨多加利用LINE

在很多父母和他們長年繭居或行為偏差的子女之間，都存在著無法溝通或幾乎不交談的問題。這種時候，那些免費通訊軟體（例如「LINE」）的聊天功能就派上用場了。

最近，我在指導家庭治療時遇到了這樣的個案。

患者是一位患有思覺失調症的女性，年紀約四十多歲，她的雙親則是七十多歲。這位女士以前都沒有好好接受過精神科的治療。我跟她也只見過一次面。

她每次見到父母都會惡言相向，不然就是出現暴力行為或自殘舉動，最後，她也不想待在家裡了，於是就在各個飯店間輾轉居住了好幾年。一直換飯店的原因是，當她沒吃藥時，就會開始幻想隔壁房間的人在竊聽，或是幻想被人用電波騷擾、攻擊等等，然後就與隔壁的客人或飯店人員起衝突。因此，每次都是住一陣子之後，就不得不換飯店。

她的父母經常聯絡不上她，因此，我建議她的母親先學習傾聽、同理，再利用LINE執行。結果，以前都找不到人的女兒，竟然會一一回覆訊息。

經過兩、三個月後，她就像換了一個人似的，變得平靜了不少，也不再心煩意亂。同時，她回家住的次數也增加了。她的父母見到女兒有這樣的變化，都感到相當欣慰。

雖然她的母親和我只見過三次面，但我想，最後能有這樣的成果，一定是因為這位母親真的非常努力。這些努力肯定對治療有幫助，而且還有助於讓事態慢慢往好的方向發展。

除了用LINE之外，中老年的父母也可以試著與孩子交換日記。交換日記雖然有點過時，但效果非常好。

如果是交談的話，講完就無影無蹤了，但是日記不一樣，因為它會留下文字，所以雙方就可以討論「為什麼你會這麼說」了（這叫做「溝通分析」）。

即便父母沒有惡意，孩子還是有機會被父母所使用的文字傷到心，變得更難受。因此，父母可以透過文字交流來注意到一些事，並學會避開會令孩子難受的字眼等等，換言之，日記就是非常棒的教材。而且，這樣的例子相當多。

LINE也一樣。「為什麼在這種狀況下用這個貼圖呢？」孩子可能會這樣問父母，然後就知道彼此的感受有何不同了。有了這個契機，就有機會排除彼此之間的誤會，使心理問題獲得改善。很多孩子都是這樣恢復過來的。

跟交換日記比起來，用LINE聊天比較沒有壓力，次數也比較頻繁。我相信，現在很多高齡的父母親也都有使用LINE的習慣，因此，這值得我們去重新思考我們的溝通方式。

另外，有些親子雖住在同一屋簷下，卻一見面就吵架。對這樣的親子來說，LINE或許也是個能讓彼此冷靜溝通的橋樑。

重點❺ 就算對方毫無反應，也要持續「打招呼」、「若無其事地找他搭話」

許多心靈「卡住」的孩子，儘管與父母同住，卻跟父母拒絕往來。就算聽到父母對自己打招呼，也不肯回半個字，有時候甚至連一點反應都沒有。

這時候，就算父母生氣地說「怎麼可以無視父母！」「你是看不起我嗎！」也沒什麼意義。因為，孩子選擇擺出那種態度，一定有他的理由。

父母被孩子這樣對待，當然會非常傷心、難過。但是，此時不妨試想「孩子忍耐了那麼久，一直以來，都承受著比我難受千百倍的痛苦」。如此一來，怒氣也會稍稍平息。

就算孩子沒有反應，也請各位父母繼續若無其事地向孩子搭話，如「早安」、「我回來了」、「吃飯囉」等等。我相信，只要父母發自內心說這些話，孩子總有一天會回應父母的。

不過，也有父母（尤其是父親）拒絕與孩子溝通的例子。

以下就是其中一個例子。這件事發生在一位繭居多年的女性身上。以前，她對父親說早安時，都得不到父親的回應。也許是因為父親覺得，女兒不僅讓自己失望，還變成家裡蹲，辜負了自己，所以才不理女兒吧。

父親直到學會傾聽、同理的方法後，才慢慢開始面對女兒。於是，他聽到女兒對自己說早安時，終於有辦法回個「喔」了。而女兒也透過母親告訴治療師：「光是這樣，我就很開心了。」女兒想必是等這個回應等很久了。

聽說，這位父親從治療師口中聽到女兒的心聲後，便害羞地笑了。

在那之後，他變得更加關心女兒，看待女兒的方式也不一樣了。由於孩子相當敏感，所以自然會注意到父母的細微變化。某天女兒抬起頭時，看到那個以前都對自己視若無睹的父親，竟露出「妳還好嗎？」的表情。儘管父親沒有說出口，但女兒光看看父親就知道他在關心自己。而這也讓她感受到「彼此心意相通」。

當時，雖然父親只回了「喔」這個字，但這個「喔」字是父親發自內心講出來的。想必在那一刻，女兒也從父親的表情中感受到「他願意體諒我了」、「他還愛著我」了吧。

另外，若親子間的交流正在慢慢改善，那麼在言語交流較少的時候，母親也可以透過肢體接觸（如：按摩、擁抱）來削弱親子間的隔閡，尤其對象是女兒時，更適合試試這種做法。

不只是母親可以這麼做，由父親來做也會有同樣的效果，而且成功的案例並不少，但大前提是：子女希望父親這麼做。

關於此，我也聽過好幾份報告，例如：

「有嚴重失眠問題的孩子請父母幫忙按摩後，便產生睡意，順利睡著了。」

「女兒原本都和我斷絕往來，但是在幫她按摩的過程中，我們的對話也不知不覺的變多了。真是累死我了（笑）」

然而，如果父母還不擅長傾聽和同理，那麼，唐突的按摩和肢體接觸只會適得其反。因此千萬不可搞錯順序。

「全家一起用餐」的重要性

我想讓那些關係不好的父母與子女，能夠瞭解「全家人圍著餐桌一起用餐的重要性」。

接下來要講的，是某位女性治療師告訴我的故事。

有一位年近五十歲的女士一直脫離不了繭居生活。治療師問她：「妳現在最希望母親為你做什麼呢？」儘管她表示「太害羞了，所以說不出口」，但治療師告訴她：「這很重要，說吧。」於是，她就在治療師的勸說下說出這樣的答案：

「我想跟她一起吃飯。」

細問後才發現，原來他們家沒有全家人一起用餐的習慣。

心靈生病的孩子，大多都生長在用餐環境特別糟糕的家庭中。前述的家庭亦是如此。通常，孩子都是孤伶伶地用餐。母親明明就在旁邊，卻總是忽略孩子，自顧自的做著自己的事，不是在洗東西就是在折衣服。也就是說，父母明明在家，孩子卻覺得很寂寞。這樣的孩子就跟例子中的女士一樣，即便到了中年，有了看似可靠的外表，內心也不會長大。

如今雙薪家庭越來越多，因此也是有莫可奈何的部分。然而，餐桌也是家人聚在一起交流的地方。有時，丈夫（父親）在公司遇到什麼問題，也會趁吃飯時講給妻子（母親）聽，然後接受妻子的安慰與建議。而孩子也能聽著這些對話學習「原來夫妻之間就是這樣互相扶持的」。換句話說，用餐環境似乎會對孩子的心理發展造成極大的影響。

聽說，例子中的母親也是來自那樣的家庭，小時候幾乎沒有和父母一起用餐過。她大概是習慣了家人各吃各的，所以才這樣對待自己的孩子吧。

這位母親跟她女兒不一樣，儘管缺乏和家人一起用餐的體驗，她還是順利長大了。然而，女兒的性格卻承受不了這一切。

治療師聽完女兒的話，便建議母親「至少陪女兒吃個晚餐」。而實際執行下來，原本不愛說話的女兒也慢慢地開口，終於能與人正常地交談。據說現在，共進早、晚餐已經變成母女倆每天必做的事情了。

我想，小孩除了想聽父母說話之外，大概也想感受父母在身旁活動的氣息吧。對孩子來說，「和父母一起用餐」就是那麼的重要。因此，還請各位家長們多陪陪孩子吃飯，即便一天只能陪一餐也沒關係。

另外，父母應該避免在用餐時吹噓自己，或是嫌飯菜難吃。若能將重心放在愉快的對話上，慢慢聽孩子說話，覺得不錯時就坦率地誇獎孩子，那麼孩子也會慢慢改變。

雖然這些都是日常瑣事，但許多陷入心靈泥沼的孩子都是透過這些瑣事才重新振作起來的。

獻給擺脫不了已故父／母的你

有些人還困在傷了自己的親子關係中，但他們的父母早已離世。現在，我想對這些「曾經是」子女的人說一些話。

即便孩子因持續壓抑感受，而導致行為偏差或自我封閉，也可以藉由獲得父母的傾聽與體諒，來釋放那些真實感受，擺脫過去的煩惱與痛苦——這就是本書想傳達的事情。

若親子能攜手重新審視過去的關係，幫助孩子振作起來，那固然是最完美的結局。但是，並非所有家庭都能實現此事。無法實現的原因有很多，可能是父母已經離世，或罹患失智症之類的。而這也令不少人永遠「被困在泥沼中」，解決不了自己的繭居問題或其他問題。

在我治療過的患者當中，就有好幾個這樣的人。他們的父母都已歸天，自己也

五、六十歲了，卻還在被父母生前留下來的親子芥蒂糾纏著，無法從痛苦的深淵中走出來。而且他們都會說：「父母死了，我卻哭不出來。」

就像我在本書中不斷說的，因為他們已經習慣「不去徹底感受原始情緒」，所以即便大腦已經接受父母死亡的事實，卻無法讓情緒層面也接受這件事，而這就像喉嚨被異物卡住一樣，會令人產生不舒服、不完整的感覺。正如同「Grief（喪慟）」這個字所指的，人在失去重要的人的時候會悲痛不已，若感受不到悲傷，心裡深處就無法接受對方的死，永遠被對方的存在困在原地。

這就跟釋迦牟尼佛的第一個女弟子——迦沙．喬達彌的故事一樣（※1），是自古以來就存在的概念。現在，這個古老概念已變成新的治療方法，應用在助人接納障礙和治療創傷上。

使用這個方法時，即使父母不在場，也可以讓子女對想像中的父母抒發內心深處的悲傷，徹底感受身為子女的真實情感，這樣就能大幅改善身上的症狀和內心的痛苦了。

雖然這種做法在某些情況下也可以獨自完成，但是對於有心理問題的人來說卻不簡單，甚至有危險，因此還是得跟熟練的治療師一起執行。也請現在正在接受心理治療的人先找自己的醫生商量過，再來考慮是否執行此做法。

此外，即便是沒生病的人感到心靈有點失去平衡，也可以在有必要時，去找這方面的專家諮商。我並不是為了解釋它的做法才寫的，我是為了讓更多人了解，原來自己還有這樣的選擇，還有辦法擺脫糾纏著自己的痛苦。還請各位讀者不要勉強自己。

．一位身心生病的女士無法接受母親過世的事實

我有一位長期受厭食症、憂鬱症、自殘行為、購物成癮症所苦的女性患者。

她現在已經六十出頭。自二十幾歲結婚後，她就一直對丈夫的態度感到不滿，因為她覺得丈夫不是真心愛著她。

一起出門兜風時，即便丈夫根本沒做錯什麼，她也覺得「丈夫不像新婚時那樣呵護我，害我很煩躁」。

現在，她因為長期的心理疲憊而陷入慢性憂鬱狀態，完全無法做家事，因此家事都由丈夫一手包辦。儘管如此，她還是會說「我還是覺得他不夠愛我」、「我也知道自己老是在說傻話，但我的心仍舊會這麼想」。

我進一步了解後發現，她心中的鬱悶感和那股填不滿的空虛感，早在遇見丈夫前就存在了，而痛苦根源則與三年前離世的母親有關。即便母親都已經過世了，她還是一直活在缺乏母愛的痛苦與不滿之中。遇見丈夫後，她期待著丈夫能給她母親不曾給過的愛，但婚後，她還是覺得「不夠、不夠」，一直為此跟丈夫吵架。

這位女士也沒有打從心底接受母親過世的事實，她說：「我一直覺得母親還在某處活著。」於是，我就把治療重心放在這一塊，讓她盡情地訴說她對母親的感受。

她表示：「我不明白她為何不愛我。」「我擺脫不了怨恨和痛苦。」除了這些憤怒的情緒外，她也把身為子女的真實感受說出來了——「我很希望她對我溫柔一點」、「我一直想對母親撒嬌」。她藉由告訴我（治療師）這些事，喚起了壓抑在心底的真實情感。

她說著說著便哭了起來。那天她告訴我：「我從未哭得這麼慘過，現在感覺舒暢一點了。」

後來，隨著面談次數的增加，她感受到的傷痛也越來越深。

到了某天，這位女士激動的哭喊：「媽媽——！幫幫我！我好想妳！」她像個孩子一樣大哭了將近一小時才停下來。

之後，她也對我訴說她的感想：「我沒想到自己這麼會哭。之前別說沒有為母親過世落淚，就連人生中的各種悲傷也感受不到。現在我終於注意到了這件事。」

她一直以來都沒有去感受內心深處的原始情緒，導致她長期都在扼殺真實的自我。她說：「我終於感受到『母親真的已經不在了』的實感。」

在那之後，她的心情慢慢好轉，同時，她也能笑著說她對丈夫的依戀已經逐漸淡化，甚至覺得無所謂了。

另外，隨著味覺恢復，她也不再碰暴飲暴食時代吃的垃圾食物和重口味食物。現在她已經能感受到天然飲食的美味，同時也能正常地產生飽足感，於是，暴食症便隨之消失。

攝食障礙是一種由心理影響生理的疾病。人在不斷壓抑深層的原始情緒後，連身體的感覺也跟著喪失，所以才會有再怎麼吃也吃不飽、再怎麼瘦也不會餓的症狀。因此，找回原始情緒後，那些病態的身體感受就會逐漸恢復正常。這位女士連嗅覺都逐漸恢復，而有趣的是，時隔十年，她又能聞到丈夫的味道了，而且她還會打趣的對丈夫說：「你好臭，走開啦。」

這位女士雖然恢復得不錯，但她也說，雖然她很感謝治療幫她找回輕鬆的人生，但還是消除不了小時候留下來的「母親不接納我這個人」的痛苦回憶。

換言之，就算能藉由治療把×變成△，也不可能達到美滿的○。正因為如此，我才會深深感受到，父母應該趁自己還活著的時候，盡可能地貼近孩子的心，不管是幾歲的孩子渴望親情，都要盡量把愛傳遞給他們。

・一位男性對父親的死感到憤怒，同時又為了控制怒氣而痛苦不堪

另一位病人是五十多歲的男性。他有控制不了強烈怒氣的問題，導致他到處客

訴。從附近的超市、便利商店到手機店，甚至連法院都禁止他出入。他老是把已經過世好幾年的父親掛嘴邊，遇到事情就把父親扯進來。

據他說，在他還小的時候，他的父親就有酗酒的問題。父親過世前一晚也是喝得醉醺醺地回家。那天晚上，父親在玄關對他說「去幫我倒一杯水來」，但他很不爽，所以就無視父親，直接回自己的房間。

但隔天，父親便死於心肌梗塞。他一直認為，要是自己當時有倒杯水給父親喝，父親或許就不會死。擺脫不了此想法的他，最後就變成了繭居族。雖然父親因為酗酒而做了許多不可原諒的事，但也有慈父的那一面。因此，他還是很喜歡父親的。

起初，他堅稱自己是在為父親的死感到悲傷。但深入了解後，我發現，他其實是在後悔自己沒幫父親倒水，不斷地假設（想像與現在事實相反的事）「如果我有拿水給他喝的話，他或許就不會死」，而這就代表，他內心深處的原始情緒還沒接受父親已過世的事實，換句話說，他還沒確實去感受這份悲痛。

雖然這個情緒沒有被埋得很深，但是，就在他對自己大喊「我是個害死父親，沒血沒淚的人！我是個不孝子！」的瞬間，他的淚水也落下來了。

他嘶聲力竭地哭喊了一小時以上，哭到連隔壁診療間的人都跑來抱怨。

經過幾次類似的諮商之後，他終於感受到「我已經接受父親離世的事實。現在輕鬆多了，看待世界的方式也不一樣了」，讓他跨出了脫離繭居生活的第一步。如今，他已經在接納身心障礙者的企業裡工作了。

正如同adult children（擺脫不了童年家庭創傷的大人）這個字所指的那樣，父母的酒精成癮問題會傷害到孩子，使孩子接下來的人生都活在父母不體諒自己的痛苦之中。

雖然向自助團體或心理諮商師求助也很重要，但父母的力量更大。父母年紀多大都無所謂，只要肯下定決心為了孩子改變自己，花時間傾聽、體諒並接納孩子，那麼孩子就能真正感受到幸福。我相信很多孩子都是這樣恢復過來的。

當孩子的深層感受不被父母接納，又無法獨力培養出對它的感受力時，孩子就會迷失方向，自己也出現依存問題，得到共依存症，在無意識下成為支持著成癮者的存在，然後把痛苦的經歷延續到下一代。但我發覺，只要有父母的傾聽與同理，就有機會用更理想的形式來切斷那種連鎖反應。

另外，有些父母仍然活著，卻不能理解這本書中再三強調的觀點。有些父母則是抱持著不同的價值觀，因此不願理解。即便你是由這樣的父母帶大的，你還是可以藉著為那些渴望卻得不到的親情，感到絕望、悲傷，來緩解自身的症狀或痛苦。以下就是其中一個例子。

・一位女士被沒有同理能力的父母帶大後，不但會罵父母，而且還無法接受自己的障礙

這個例子的主角是一位五十歲出頭的女性患者。

她在四十歲時因病失明，自那之後，她就一直活在這些想法中——「瞎子不管到哪、不管做什麼，都會被人瞧不起」，「要是我看得見，就不用承受這些屈辱，活受罪了」。

然後，這位女士除了會用拐杖打年近八十的老母親之外，還會踢她、朝她丟東西、捏她、罵她，惹出一堆麻煩，導致許多看護派遣公司都拒絕派看護到他們家。她

的父親有酗酒問題，母親則是明顯缺乏同理能力。在這種環境中成長的她，一直都在壓抑自己的情感，因此她也說，自己從小到大都沒哭過。

在深入治療的過程中，她提到了父母過去帶給她的種種痛苦，並落下幾滴淚。但她還是堅稱：「我不覺得悲傷。」

後來，她說著說著，突然覺得胸口發疼，疼到她大聲喊痛。我催促她去感受藏在疼痛背後的情感，於是，她終於忍不住漲紅了臉放聲大哭。「我好痛苦，好傷心，哇啊——！」

盡情大哭一場後，她開始抒發感想：「總覺得胸口那股悶悶的感覺消失了。真不敢相信我也會哭。」

又過了一個月後，她告訴我：「我的眼科主治醫生對我說：『這十年來，我還是第一次聽到您說出接受自己失明的話呢。』真是嚇我一跳。」

「我想，我終於接受了自己失明的事實。」

「以前大概是無法接受這個事實，才一直做垂死掙扎吧。一直想，要是我沒有瞎就好了。雖然很悲哀，但心情總算變得輕鬆多了。現在已經不會遷怒他人了。」

正如同她所說的那樣，她確實變了。

雖然她的母親還是老樣子，沒什麼同理能力，但是，她透過治療來消除她對母親的絕望，因此，打罵母親的行為也慢慢消失了。

然而，雖然她的心情輕鬆不少，但這並不是最完美的結局。她母親完全無法理解女兒心境上的細微變化，「瞎都瞎了，那也沒辦法啊。要懂得放棄啊。」她還是講不出體諒當事人的話。

這些例子雖然和家庭治療不一樣，但它們在解救心靈上還是有共通點的，那就是：父母在孩子的情緒處理方面扮演著重要的角色。同樣的，讓孩子徹底感受自己的心聲也是一大重點。

寫「情緒日記（※2）」也是一種方法，有些人靠自己寫一寫就能夠克服心理障礙，不過，有受虐經驗或其他心理創傷的人往往很難獨力執行。如果是這種情況的話，不妨去尋求信得過的治療師或第三者協助。

※1

迦沙・喬達彌的故事：這是佛經中的故事。一位名叫迦沙・喬達彌的母親失去了她的兒子。但是，她無法接受孩子已死的事實，於是懇求釋迦牟尼讓她的孩子復活。

釋迦牟尼對她說：「那麼，請你去沒有死過人的人家那裡要一些罌粟籽過來。」聽到條件後，迦沙便抱著兒子的遺體到村裡挨家挨戶求罌粟籽。然而她發現，雖然家家戶戶都有罌粟籽，卻沒有一戶人家是沒死過人的。

於是她頓悟到，死亡乃是避不了的眾生之苦。她感受了自己的原始情緒後，終於接受兒子已死的事實，然後，她的心也慢慢得到了救贖。

※2

情緒日記：寫下壓力的成因或過去的傷心事，藉此感受自己的原始情緒。醫學證實，寫下感受不但可以治癒ＰＴＳＤ（創傷後壓力症候群）的心理創傷，還有舒緩癌末疼痛、降低血壓、提升免疫力等效果，使身體變得更健康。

專欄

傾聽和同理也是治療依存症的良方

實例⑤的A小姐（第128頁）有購物成癮的問題。雖說字面上都叫「成癮」，但實際情況卻很複雜。即便患者們看似是喜歡才去做的，但只要仔細觀察，就能看出幾個相異的要因。

近年，人們認為成癮行為或許可以分成兩大類，即追求快樂型（不斷追求快樂與刺激，無法停止）和迴避痛苦型（受不了寂寞或其他痛苦才做的。本人雖不願意，卻也停不下來）。

這兩者無法完全區分開來，而且大部分都是重疊的，但是「何者先，何者後」以及「何者為主，何者為從」的觀點，在臨床上還是有所幫助。

如果遇到前者比重較大的問題，尤其是酒精成癮、藥物成癮等物質依賴問題，就有必要接受生物學上的藥物治療，或行為學上針對成癮症的治療。

相反的，若遇到後者比重較大的問題，就代表人際關係上的問題也很大，不少患者對於只運用到條件反射機制的治療，都是從頭到尾興趣缺缺。相反的，不少只接受家庭治療的患者倒是痊癒了。

成癮問題難以界定類型，如果搞錯前者與後者的比重，就會判斷錯誤，拖累治療進度。

有些患者屬於前者，需要接受專業治療，但導致他們迷失自我的背後原因，往往還是跟親子關係或其他人際關係有關。這是因為，有些無法深刻感受原始情緒的人，會為了迴避而產生次級行為，然後，久而久之就習慣這些行為，變成上癮了。

大部分的成癮症治療都會把參與自助團體加入療程中，並將它視為一帖良方。據說這樣做是因為，只有那些遭受過或克服過相同成癮問題的人，才能真正理解原始情緒的微妙之處。

據說這種治療起源於一九三五年，當時有酗酒問題的股票經紀人比爾，遇見了當地的外科醫生鮑勃，並聊了一些彼此的心聲，而神奇的是，當他們交談時，想喝酒的慾望竟消失的無影無蹤。後來就演化成自助團體了。這在任何一種成癮症治療中，都是備受重視的治療手段。

但是，當患者之間的互助成效不佳，或患有成癮症的當事人根本沒有動力參與治療時，那就很有可能有逃避型因素在背後作祟，而我們認為，家人的傾聽和同理往往能拯救患者。

事實上，一項有趣的研究表明，善解人意的治療師（即便是專門治療此問題的治療師也一樣）能夠減少酗酒者的飲酒量。這證實了「同理」對追求快樂型成癮者來說也很重要。

但無論用的是什麼方法，對成癮症的治療來說，最重要的還是「先找專家好好商量」。這不僅適用於成癮症，也適用於憂鬱症和其他精神疾病。。

不管在什麼狀況下，家人或其他重要人物的適當協助與支持，肯定是對治療有幫助的。不少患者都是因為父母的傾聽和同理起了作用，才讓他們成功克服困難。不過，即便適合這麼做，正在定期回診的人也不該自行下決定。一定要先跟自己的醫生商量過才能行動。

專欄

教導不敢說NO的孩子如何拒絕

不敢對父母提意見、長年壓抑真實感受的孩子都有個共通點，那就是「無法拒絕他人」。換言之，他們的字典裡沒有「ＮＯ」這個字。因為他們從小就得當「Yes man」，否則父母會不開心，所以他們一直都在接受，而且不允許自己露出ＹＥＳ以外的表現。

比方說，就算這種孩子找到一份看起來還不錯的兼職，之後也會無法拒絕額外的排班，因為他只懂得笑笑地接受。別人老是找他代班，其實令他很困擾，但他又無法拒絕。

結果，最後不是因為工作過度而倒下，就是因為去不了而爽約。而且，他還要為爽約撒很多謊，於是就把自己逼得越來越緊，不斷消耗自己的心力。

爸媽看到孩子這樣也會常常生氣或感到失望──「每次打工都做不久！」

其實，人必須能夠面對「可能被對方討厭或責備」的恐懼，也就是要有能力承受自己的「不舒服的原始情緒」，才有辦法說「不」。因此，孩子工作做不久，也不見得跟親子間的相處方式無關。

無法說NO不只會影響打工、工作，還會影響到朋友之間的關係，和社會生活中的人際關係。

好比最典型的例子就是，當這種孩子跟強勢、自我中心的同伴在一起時，就得不斷接受對方單方面的要求，承受無法拒絕他人所帶來的痛苦。

最近常出現在女性身上的「卡珊德拉症候群」也是如此。一個容易感到不安的女人覺得男友雖然有點我行我素，不過卻不容易受人影響也不容易動搖，非常可靠，於是就跟他結婚了。

但其實，那個男人只是缺乏同理心、溝通不得要領罷了。然而，女人也無法好好表達自己的心情，如「我希望你改掉講話方式」、「我想離婚」，結果就陷入泥沼，動彈不得。

另外，近來有越來越多的年輕人表示，因為害怕被拒絕，所以乾脆不拜託別人。

不管怎麼說，最重要的還是教導不懂得拒絕的孩子「如何好好地說ＮＯ」，同時也教導那些不敢提出請求的孩子「如何請他人幫忙」。

對這些孩子來說，「拒絕別人」和「被別人拒絕」都是痛苦得要命的事。但是，只要遵循適當的步驟好好地拒絕，或是坦然接受被拒絕時與對方摩擦所產生的不開心，那麼，這些就是暫時性的痛苦，不必過度恐懼。因此，最重要的就是讓孩子們明白這個道理。

假如認真拒絕後，對方還是用不老實的手段強迫人接受，那就是對方的問題了。有時候，人必須拿出「被討厭的勇氣」，關於這一點，還請家人們多多協助孩子。

第 4 章

「我想死。」
「你毀了我的人生。」

父母聽到孩子對自己說這些話時，該如何回答才好？

不要講大道理，不要妄下結論

長年閉門不出或行為偏差的孩子，通常會怎麼質問父母呢？在本章中，我希望各位一起思考，當家長面對這些問題時，該如何回答，如何處理才適當。

聆聽對方說話時，重點依然在於傾聽和同理。回答時的基本原則，則是「不要講大道理」、「不要妄下結論」。

有些父母會對無法早起或不想早起的孩子說：「別鬧了，快起床。人就該白天工作，晚上睡覺。」試圖用道理來說服孩子。父母大概是覺得，自己必須做點什麼，不能這樣放任孩子不管，所以才找理由來催促孩子吧。

那個理由也許是正確的，但說出來的時機，卻有可能是錯的。

就是因為，孩子自己也知道那個道理，有意起床，但是身體就是不聽使喚。所以，父母應該先對此產生同理——「你在猶豫要不要起床，對不對？」「你還很睏吧？」

父母努力一段時間，讓孩子確信父母理解他的感受後，孩子才會主動思考「那麼，該怎麼做才好」，並採取下一步行動。

另外，父母也不可以因為自己覺得好，就搶先走在孩子前面，試圖為孩子做點什麼。以下是我以前常舉的例子。某天，父母聽到女兒說「我想當偶像」，便對她說「別傻了」、「妳沒辦法啦」，斷然否定她的想法，於是，敏感的女兒就覺得自己被否定了，因此變得很沮喪。

像這種時候，應該要先認同她想要成為偶像的心情，接著再有條件的允許就行了，例如：「好好念書的話，爸媽就支持妳。」這樣一來，孩子自己就會去試錯（trial and error），然後就會知難而退。

當然啦，假如試鏡可以順利闖關，或許就能讓父母對此改觀。況且，如果孩子真的很想做的話，那麼父母的一味反對，反而會令孩子偷偷摸摸的朝著危險的方向前進。而失敗後，即便根本不是父母的錯，孩子也會把失敗歸咎於父母——「爸媽毀了我的青春夢想。」——然後對父母懷恨在心，為將來埋下禍根。

有個女孩在念國中時非常認真地練田徑，表現備受期待，因此，她也期盼著上高中後能繼續練田徑。然而，父親並不同意女兒這麼做。父親要求女兒以護理系為目標，理由是「當護士以後不愁吃穿」，因此根本不考慮讓她念運動相關科系。

這位父親是當地的知名人士，因此這個女孩順從父親的指示，在高中畢業那年考進某所大學的護理系，但她沒念多久便開始拒絕上學，然後隔年就自殺了。現實生活中真的有這樣的悲劇。

據說這位父親直到最後都無法理解，為何那個順利考進護理系、看起來如此幸福的女兒，最終會選擇走上絕路。然而說難聽一點就是，他沒有好好地去關心女兒的心情，也沒有尊重女兒的想法。

我能理解父母「擔心兒女前途」的心情，但是在為他們設想、提出建議與意見之前，一定要先有同理。假如孩子的心中有什麼難以消化的煩惱，那麼父母的接納與守護就顯得更重要了。

Q1

「我不想活了。」
「活著也沒意義。」
「我想拋下一切。」

正確答案

「想必很痛苦吧。」
「真的是辛苦你了。」
「你一定忍耐很久了吧。」

這些都是會令父母感到焦慮與慌張的典型問題。但是從極端的角度來看，假如當事人真心想尋死的話，那麼任誰都無法阻止。說不定還會在說出這種話之前，就採取行動了。「不想活了」是在傳達「其實不想死」的訊息。讓孩子說出這樣的心情時，就說明孩子已經被逼到走投無路，正在發出求救訊息。身為父母的人應該注意到這一點。

其實，「想死」的想法大多都是次級反應，或是參雜著「苦惱」思緒的次級感情反應。在更深處的地方則有「痛苦」、「悲傷」、「不知該如何是好的焦慮感」等真正的情緒（原始情緒）。

換言之，他們不見得想尋死，他們想傳達的是：「我痛苦到都說出『不想活』這種話了，請你們理解我的痛苦。」若父母能夠用誠摯的心聆聽、感受孩子的心聲，並堅持下去的話，那麼，大多數的孩子都能感受到自己已經被父母接納，並打消尋死念頭。

因此，若孩子說出「不想活了」，那就繼續聽他傾訴「想死」的心情，直到他滿意為止。接著再讓孩子依照自己的節奏，慢慢吐露出藏在背後的情緒。而父母也要去感受這份情緒。以上就是避免將孩子逼上絕路的重要思考模式。

有些人擔心，與尋死的心情產生同理，就等於是認同孩子去尋死。但是，同理和同意是不一樣的。其實，對具有自殺風險的人予以傾聽、同理，乃是非常重要的一件事，而且，這麼做是有根據的。

此時若不去體會對方的感受，還講一些「為何人終將一死」的理論試圖說服對方，那麼，這就只是自我滿足而已。這樣的行為就是在忽視孩子的心情，只會把他們推得更開，還請各位多注意一點。

除此之外，父母必須確實地向孩子傳達「你是我珍視的人，我不希望你死」。這是非常重要的一件事。

不過，自殺的原因往往也跟心理疾病有極大的關聯。雖說前述的對應方式依然很重要，但是面對高風險族群（如正在接受精神疾病治療的人）時，還是要先跟主治醫師商量、合作，才能採取行動。

錯誤答案

「別說傻話了。」
「怎麼可以比父母早死。」
「你有什麼不滿的？更痛苦的人多的是。」

這些都是父母在不安情緒驅使下說出來的話，但各位要知道，這些理直氣壯的正當言論，聽起來就像說教一樣，根本無法打動孩子的心。

在某本書中，作者以「死是違反正義」來勸阻那些想死自殺的人。我能理解這也是一種價值觀，但是這當中缺乏「去貼近對方的原始情緒」之態度，因此變成了只看得見次級思考的「說教」。這就是典型的不適合對想尋死之人說的話。

另外，拚命想問出尋死的理由也是不可取的做法。這樣問也問不出答案，尤其在雙方之間缺乏信賴關係時，更是問不出真正的答案。況且，很多人都把自殺視為刪去法留下來的最後手段，並不覺得它是擺脫痛苦的最佳解決之道（不過，當你發現對方是真的相信「自殺是唯一解決辦法」時，一定要盡快向專家尋求協助）。

順帶一提，雖然沒有明確的證據可以證實這件事，但醫護人員總會對這樣的患者說：「答應我，別再尋死囉。」很多人都說，只要感受到「有人在擔心我」，就會產生「不可以讓那個人傷心」的心情，然後，這種牽絆就能制止患者自殺。

我在做措施鑑定時，有非常多的機會接觸到自殺未遂後的患者，而不少患者都說，最後是因為心中浮現了家人的臉龐，才打消了自殺的念頭。因此，我個人認為，這樣的互動確實具有救生索的功能。

但另一方面，若露出一副擺明就是「只要別死就好」的態度，那只會加深對方的痛苦——「他根本不想知道我究竟在煩惱什麼吧。」由於兩者的差異只有一線之隔，因此必須多加小心。

Q2 「你毀了我的人生。」「都是你的錯，害我的人生變得一團亂。」

錯誤答案 **「怎麼會呢？」「別把錯推給父母。」**

這些話大多來自那些聽從父母的建議，而未能走上自己選擇的道路的孩子口中。譬如，為了升學考試而放棄了喜歡的社團，或是為了進入父母期望的公司，而放棄了自己想嘗試的職業。像這樣不斷壓抑自己的感情，最後就會對父母產生恨意。

在這種情況下，即便否認這個事實，或與孩子爭論「別把錯推給父母」，也只會把孩子逼進更深的深淵裡。

正確答案「是這樣啊。」
「都怪我沒注意到。對不起。」

理論上來講，父母的一句話應該不可能毀掉孩子的整個人生。然而，選擇職業是孩子人生中的一件大事，所以才令孩子印象深刻。說到底，如果孩子跟父母的關係不好，那麼因為這樣而失敗的事情，應該還有不少才對。換句話說，這種情況也是因為孩子想要父母體諒自己，才會用印象最深刻的事情，來表達以前扼殺的真實感受。

因此，予以傾聽、同理非常重要。孩子恐怕會說一些埋怨或批評父母的話，但還是要把孩子的話聽到最後。

如果不知道要怎麼做反應的話，就回「喔」、「啊」、「嗯」吧。

如果孩子又說：「你只會說這些嗎？」那就回：「對呀。雖然我想不出比較好的字，但我知道你很辛苦。」，並堅持下去，讓孩子把想說的說完。

我相信，要父母對孩子道歉是一件非常痛苦的事。但在聽完話後，還是要對孩子說：「都是媽媽不好，沒注意到你的心情。對不起。」假如孩子回：「道歉有什麼用！」那就繼續予以傾聽、同理，說：「的確是。」然後讓孩子把話說完。

重點是，這股怒氣的背後藏有這樣的心理問題——因人生不符合自己的期望而產生悲傷的原始情緒後，卻沒有徹底的感受它，因而無法消化該情緒，使自己永遠被困在過去。此時若對他們講道理，只會使他們反彈。

隨著傾聽、同理持續下去，孩子就會主動揭露內心深處的悲傷。等到他們感受到自己被至親接納時，就會切換心情，然後自然浮現「一直把注意力放在過去也不是辦法」、「一直對父母發牢騷也沒辦法解決問題」的想法。

Q3 「你給我道歉！」

錯誤答案

「是、是。對不起。」

「都是媽媽不好。」

「到底要我道歉幾次你才開心？」

「我會變成這樣都是爸媽的責任，所以我要你們道歉。」子女要求父母道歉也是常有的事。對此，千萬不可以回答錯誤示範中的那些話。

這就跟被提醒「這樣不對喔」的時候，敷衍回答「好，知道了啦，抱歉」沒兩樣。這樣只是對「我已經道歉了」的事實感到滿足而已，根本不知道自己為了什麼而道歉。由於缺乏具體內容，道歉只是權宜之計，所以同樣的事情還會不斷重演。

敏感的孩子注意到這件事之後，肯定會說：「你這種道歉方式不行！」

而父母往往就會開始反駁：

「我不是已經道歉了嗎！」

「還要我道歉嗎！」

正確答案　**「關於那件事，是我不好。」**

「做了那樣的事，我很抱歉。」

隨隨便便的道歉會阻斷孩子期望看到父母道歉的心情，同時也會使父母放棄檢視自身的問題，因此是非常不真誠的。

因此，既然要道歉的話，就該搞清楚自己究竟是為了什麼而道歉、負起責任。好比，為自己以往忽略傾聽、同理而道歉，即是個不錯的選擇。「以前都沒有好好聽你說話，對不起。」

Q4

「媽媽不在的話，我就會焦慮到活不下去。」
「（父母過世的話）我會很寂寞，說不定會寂寞到死。」

正確答案

「是啊。」
「會很不安吧。」
「你很擔心吧。」

錯誤答案

「不要緊的。」
「別說傻話了。」
「真是的，在說什麼呢。」

這裡的回答也一樣，首先應以接納孩子的心情為主。

若不感受對方的心情，直接說「不要緊的」，那就等於是無視對話的紅綠燈，切斷了自己和孩子的心靈連結，所以不能這麼做。同時也要避免用父母的想法來回答，盡量用「喔」、「啊」、「嗯」來貫徹傾聽與同理吧。

「別說那種傻話」也是容易一不小心就講出來的回答。但是在這種狀況下，孩子說出來的大多是無解難題。而孩子自己也很清楚，講這些事根本沒有用。

「在說什麼呢。」像這樣試圖對孩子講道理也不對。因為這不是邏輯上的問題，而是心情上的問題。先去感受表面的情感（次級情緒），再慢慢地聆聽孩子內心深處的真實情感（原始情緒）。如果是長年壓抑情緒、累積了許多壓力的孩子，那麼，讓他們吐出藏在心底的「痛苦」、「不安」情緒，就是讓他們不必再煩惱無解難題的捷徑。

而最重要的就是，父母應透過傾聽、同理，來訓練孩子面對自己的原始情緒。如此一來，等到將來自己真的不在的時候，留在人世的孩子才能健康的面對內心深處的悲傷。這對「日後，留在人世的孩子能否積極、正向地活下去」來說，乃是相當重要的一件事。

Q5 「我被騷擾（被霸凌）。」

正確答案 **「這樣啊。」**
「那應該很痛苦吧。」

錯誤答案 **「你想太多了。」**
「別理他就好了。」

很多父母都會對遭受霸凌的孩子說「你想太多了」、「別去在意它」。如果是能夠切換心情、克服難關的孩子倒是無所謂。但是，有些孩子卻會被這些話逼到走投無路，因此，這可以說是最差、最危險的答覆。

被騷擾或被霸凌的痛苦心情，並不是他人可以輕易想像的。這種時候，錯誤解答範例中的「別去感受痛苦」、「你有這種感覺，是因為你很奇怪」，就等於是否定原始情緒──至少內心纖細的孩子會這麼認為。

孩子會怨恨否定了這份痛苦的父母。就我所知，有很多孩子都是恨了一輩子。但是，父母往往不記得自己說過那種話，而這也是令孩子無法諒解的地方。

遇到這種情況時，重點依然是優先採取傾聽和同理的態度。「很痛苦吧」、「很難過吧」。接收孩子的心情才是正確解答。

不管怎麼說，都要等孩子對父母的同理感到滿意後才能給建議。

有些孩子說出來的，其實是精神疾病造成的幻想。但只要當事人相信事實如他所言，那麼對應方式原則上還是相同。

如果是生病的話，那麼大前提就是找醫生商量，但不管是對孩子，或對父母、配偶因失智症而產生的無稽幻視、幻聽或幻想，原則上都是一樣的。

需要注意的是，如果沒有同情心地指出「別說傻話了」，只會導致患者情緒混亂，使病情惡化。同理的重要性無關乎年齡，對所有世代來說都是一樣重要。

Q6 「買一千萬日圓的跑車給我。」

正確答案 「跑車真的很棒呢。我懂你的心情。」
「但是，家裡沒那麼多錢。」
「如果改買〇〇給你呢？」

錯誤答案 「別說傻話了，家裡哪有那麼多錢。」

就如同前面提過的，包括購物成癮在內的各式成癮問題，大多都需要接受專業的治療。不過，即使正在接受治療，還是需要其他人的體諒與支持，否則，不少人根本懶得配合治療。

因此，如果像錯誤解答範例那樣，不只不接受患者想買高級跑車的心情，還用「別說傻話」來否定它，就會有反效果。這樣做雖能讓父母掩蓋自己的不安與憤怒，但是，長期壓抑自身感受、覺得自己一直被欺負的孩子卻會把它想成「這次也一樣嗎」、「父母根本不想聽我說話」，進而導致精神狀態越來越不安定。

此時該有的態度也一樣。第一步就是說：「這樣啊。你想要那個啊？」同時去理解、感受一下孩子的心情。

雖說如此，辦不到的事情終究是辦不到，因此待同理後，對話綠燈亮起時，就可以像正確解答範例那樣，試著對孩子解釋家裡的狀況，或是提供可實現的替代方案。即使孩子說：「不要離題喔！」父母也要繼續用同理心說：「嗯，真的很困擾呢。」

最後讓我們來看看，當孩子出現暴力舉動，危及父母的人身安全時，該如何處理與面對。

在這種狀況下的原則就是「安全第一」。當孩子砸東西或情況較嚴重時，也可以報警求助。就算我再怎麼強調「父母應接納孩子的情緒」，也不代表父母就該一直被毆打。這是很不健康的關係。而且，不少人是因為患有重度精神疾病，才產生暴力行為，因此這些問題並不會因為怒氣平息而結束。在某些情況下，這些病患需要服用藥物或住院治療。

因此，不要期望用自行改善親子關係來解決所有問題。向外界或他人求助也是一種方法。還請各位將這個選項銘記在心。

結論

「跳過當事人，直接與雙親接觸」其實是成人精神醫學上的禁忌

本書的主旨是：當孩子陷入心靈泥沼，無法獨力面對問題時，不管孩子的年紀有多大，父母親都可以透過改變自己的想法，用「傾聽和同理」這張王牌來拯救孩子。我在本書中也舉了許多例子加以解釋。

現今的精神醫學界在處理成人心理問題時的首選，是將焦點放在當事人的思想或行為上。人們認為，這是較科學的做法。

不少像本書一樣，不斷倡導「直接與父母合作」的醫生，都曾被專家批評「與時代脫節」、「不科學」等等。

據說，專家的這種想法源自人們對歷史的反思。過去的人們毫無根據的認為，思覺失調症的發病原因來自家庭，好比錯誤的養育方式，或「父母病態」所造成的影響。這使得父母必須承受偏見和不合理責怪所帶來的苦，最後導致原該是最大支柱的家庭關係破碎，或招致種種不幸的悲劇。

另一方面，曾經流行一時，甚至變成社會問題的「母原病」也令人記憶猶新。當時人們認為，父母的錯誤養育方式（虐待兒童另當別論），會扭曲孩子的身心和人格發展，導致孩子生病或出現異常行為。像這種偏激的思考模式，至今都還根深蒂固地藏在日本某處，因此招致了許多混亂。

除了有這些對歷史的過敏反應之外，在醫學資料的蒐集上，僅對當事人進行治療的資料也相對的多，因為這比較單純、容易進行醫學研究和驗證。這導致現在的精神醫學界出現了一種潛規則：家人的支持固然重要，但是不能把它當作拯救成年子女的治療環節，也不能把「直接研究父母的言行、態度」當作專業治療方式，更別說是高聲倡導之。這些都是確實存在的禁忌。

這種做法使那些無辜遭受批判的家庭獲得救贖，但另一方面，放大解釋的結果，似乎也造成成人精神醫療界不願認真面對親子問題，只想消極地掩蓋它，就連對「必要的家庭介入」也敬而遠之。我認為，目前有這樣的風潮已是不容否認的事實。

協助為親子關係所煩惱的家庭時，自然也會請雙親付出行動

正如同「毒親」等流行語所闡述的，很多孩子成年、獨立後，依然擺脫不了親子關係帶給他們的痛苦。而這也是不爭的事實，這樣的孩子確實存在。

儘管世界上有無數個裝滿親子關係問題的潘朵拉盒子，但專家們卻認為不能打開這些盒子，不僅如此，日本的精神醫療學界也缺乏該領域（與成年子女的家屬合作）的專家，甚至在培訓醫學臨床醫生的教育過程中，也缺乏這一領域的教學。而最終受苦的，依然是患者和他的家人。正是這種雙重標準促使我在本書中再三強調家庭

的重要性。

就連醫學研究也無法預測繭居和其他心病是否會發生，因此，將原因歸咎給家庭是相當不合理的。

很重要的他人──「家人」是支持患者擺脫問題，找回健康身心的要角，尤其在父母的庇護下，家庭的影響更為深遠。因此，用積極的態度來看待患者與重要家人的關係，決不是什麼不自然的事。人際心理治療（讓患者學習與人交流的技巧）和認知行為治療（一種廣為人知的療法。在憂鬱症的治療上也被廣泛運用）也有許多證據間接證實此事。

然而現實是，人們雖然贊成醫療介入父母的養育態度，以治療未成年人的問題，卻反對醫療介入父母的態度或言行，以治療那些未能自立的成年人。這就是社會的現狀。

人們以年齡為由，一概拒絕這類的介入。這雖然是社會上普遍可接受的觀念，但是對於人這種生物來說，此觀念真的是正確的嗎？

社會中確實存在著這樣的一群人：在邏輯上，他們很清楚自己是個沒出息的人，但心靈卻一直被親子間的糾葛困住，克服不了。有些無法把目光轉向「自立」的人只要被唸：「都長大了，快點獨立。」就會被困得越深。

不管幾歲，他們都得先在父母的意識形態與溝通模式的改變下，好好填滿長年缺乏的親情，才有辦法像本書所介紹的例子那樣，慢慢恢復到正常生活。不少人都是這樣走過來的。

事實上，不夠謹慎的家庭介入也曾釀出許多悲劇。

有些人批評，像本書這種「為了解決成年女子的問題，而把育兒任務結束的父母叫出來重建信賴關係」的方法，會使自立的路變得更複雜，令親子間無法保持適當的心理距離，產生過度擔心或其他不健康的關係，也就是「參與過多」的狀態，然後逼得父母把生活重心放在治療與協助上，導致家庭破損。

但是，像本書中的案例那樣，透過與父母的合作而成功根治的例子，在現實中並不少見。

對已成年的子女採取家庭介入確實不容易。

但也不能就拿不順利當理由，而不顧治療方的認知不足與力量不足，然後武斷地說：「在成人的治療上，去介入父母的生活本來就是有害無益。」我覺得這樣有點不合邏輯。

「總之，要徹底深入地聆聽患者所說的話。」「當信任關係最終破裂時，有時候還是要應當事人要求而繼續當初的治療。」這些都是他們所謂的過度參與。但，就連在精神醫療上一概被評為「有害所以該停止」的「過度涉入」，都能像實例那樣加以活用，成為最後王牌般的深度家庭介入。雖然會暫時增加家人的負擔，但只要依照策略執行，就有希望在將來修復破裂的親子信賴關係，甚至根治。

積極找父母合作也能幫助父母找回自我。不少父母本身也有過去留下的傷痛，因此，儘管他們會暫時因正視現實而感到痛苦，最後還是能培育出回顧自身問題的勇氣。等到父母自己的心也被治癒後，就會明白應如何幫助孩子，並注意到它的本質了。

有些父母堅持認為，閉門不出或患有精神疾病的成年子女，應該要自己負起責任，因此覺得自己不需要專家的建議，連聽都不聽。那麼，究竟該如何讓這樣的父母參與和接受呢？這就是家庭介入發揮其真本事的地方了。

雖說如此，要一個從自由自在環境中出身，由教科書和科學論文培育出來的精神科醫師或心理學家，去輔導父母（尤其是那些在社會上獲得成功，已擁有權力和地位的父親）面對子女，那簡直就跟「要他們賭上自己在社會上的生命，去打不擅長的白刃仗」沒兩樣。想踏入這一塊，要有足夠的覺悟和技術，然而令人遺憾的現實是，這樣的治療者並不多。

對於正面臨困難的親子關係來說，「傾聽、同理」將會成為打破現狀的契機

對於本書中所描述的患有不同程度之精神疾病和遭遇困難的成年人來說，目前基於證據的精神醫學和心理學治療方法，其實是非常不足的，許多關係者，包括父母和兄弟姐妹，都只能束手旁觀，不知道該向哪位專業人士求助。

我並不是說，改變父母對「傾聽和同理」的意識，就是解決所有問題的萬靈丹。

當然，如果一個成年人被自己的問題卡住了，那麼他應該主動嘗試解決這個問題，而不是依賴年長的父母。而這也是很合理的。

但同時，各位也要知道，雖然這有違社會常識，但有一群成年人不管年紀多大，確實是得靠父母的「傾聽、同理」，來帶領他們找到突破口，走出卡住他們的瓶頸。

我在「前言」也提過，即使最後沒有在自立上取得任何進展，在父母聆聽孩子吐露深藏已久的心聲（原始情緒）的過程中，也能消除彼此之間有如扣錯扣子般的異樣感，同時也能讓父母真正理解到「父母該怎麼幫助孩子」。假如這能稍微減輕孩子的痛苦，那何嘗不是一樁美事？

在本書中，我從改善親子溝通是解決問題的關鍵這一觀點來出發，討論了「8050問題」，以及學習如何健康地處理心理機能中的原始情緒（真實感情），並闡述了它的重要性。

打開心靈深處的原始情緒的蓋子，會使人的內心更加輕鬆——這個概念是精神分析、各種諮商方法、行動科學上的心理治療，以及正念等的根本核心技術。

它源自佛教等宗教的傳統冥想之基本理念，自古以來就是東西方共通的救贖眾生煩惱的方法與精髓。作為一名作家和醫生，如果這本書能夠幫助父母和孩子重新思考他們對彼此的感覺，讓彼此攜手成長，那將是我非常樂見的事。

最後，我想感謝Makino出版社的小川潤二先生，從我無心說出口的一句話中，為我開闢了製作本書、出版本書的道路。另外還要感謝引導我製作的岩崎裕朗先生、Apple seed的栂井理惠小姐、中村優子小姐、協助我們編輯的Office prego的江森孝先生，教我家庭治療的恩師——濱中禎子教授，以及身為英國行為家庭治療創始者兼家庭療法世界權威的古拉尼・法登博士。在此由衷感謝他們。

最上悠

國家圖書館出版品預行編目(CIP)資料

啃老浪潮：十年前的心肝寶貝，十年後卻成
啃老累贅／最上悠著；鄒玟羚, 高詹燦譯. --
初版. -- 臺北市：臺灣東販股份有限公司,
2022.03
208面：14.7×21公分

ISBN 978-626-329-141-6（平裝）

1.CST：家庭關係 2.CST：家庭心理學

544.1 111001330

啃老浪潮

十年前的心肝寶貝，十年後卻成啃老累贅

2022年3月20日初版第一刷發行

著　　者　最上悠
譯　　者　鄒玟羚、高詹燦
編　　輯　魏紫庭
封面設計　鄭佳容
發 行 人　南部裕
發 行 所　台灣東販股份有限公司
＜地址＞台北市南京東路4段130號2F-1
＜電話＞(02)2577-8878
＜傳真＞(02)2577-8896
＜網址＞http://www.tohan.com.tw
郵撥帳號　1405049-4
法律顧問　蕭雄淋律師
總 經 銷　聯合發行股份有限公司
＜電話＞(02)2917-8022